거대한 착각

The Great Illusion

거대한 착각
- 글로벌 금융 위기를 넘어
ⓒ 최운화 2009

| 1판 | 1쇄 | 2009년 2월 16일 |
| 1판 | 2쇄 | 2010년 5월 25일 |

지 은 이	최운화
펴 낸 이	김승욱
책 임 편 집	김승관
디 자 인	윤종윤 이현정
마 케 팅	이숙재
펴 낸 곳	이콘출판(주)
출판등록	2003년 3월 12일 제406-2003-059호

주 소	413-756 경기도 파주시 교하읍 문발리 파주출판도시 513-8
전자우편	book@econbook.com
전 화	031-955-7979
팩 스	031-955-8855

ISBN 978-89-90831-65-1 03320

거대한 착각

The Great Illusion

최운화 지음

Beyond the Global Financial Crisis

글로벌 금융 위기를 넘어

이콘

"Earth provides enough to satisfy every man's
need, but not every man's greed."

　세계가 공포에 떨고 있다. 미국의 서브프라임 사태로 촉발
된 위기는 전 세계적인 금융 위기로 번지더니 이제는 실물경제
를 위협하고 있는 상황이다. 미국을 주요 교역 파트너로 삼고
있고, 수출 중심의 경제구조를 가진 한국의 셈법은 더욱 복잡
하다. 근본이 튼튼하므로 큰 걱정할 필요가 없다는 낙관론에서
부터 아차 하다가는 또다시 국가 부도와 다름없는 상황을 맞게
될 것이라는 비관론까지 전망도 다양하다. 환율 문제, 금리 문
제, 주식이나 부동산 등의 자산 가격 문제와 같은 금융 문제에
더하여 기업의 수익성, 부도, 실업 등의 실물경제 문제까지 어
느 것 하나 쉬운 일이 없다.

　미국이라고 한국과 다르지 않다. 리먼브러더스의 파산으로
투자은행의 시대가 종언을 고했다. 세계 최대의 자동차 생산업

체 제너럴모터스GM를 위시한 미국의 3대 자동차 회사들이 사실상 도산이나 다름없는 상태에 빠져 있다. 미국을 상징하는 투자은행과 자동차 회사의 몰락은 다분히 상징적이다. 게다가 부실 금융 기업에 대한 사실상의 국유화 조치와 천문학적인 구제금융 등 과거에 볼 수 없었고 이후에도 쉽게 목격하기 힘들, 선제적이고 파격적인 조치들이 시행되고 있다.

세계가 왜 이런 상황에까지 이르게 되었을까? 이 지경에 이르기까지 들렸을 수많은 경고음들은 왜 무시되었던 것일까? 많은 사람들이 근본적인 원인으로 인간의 탐욕을 꼽는다.

투자가 투기로 변하는 것은 욕심 때문이다. 평균 이상의 초과 수익을 과도하게 추구하다 보면 큰 위험도 감수하게 된다. 개별 경제 주체의 이러한 행동은 결국 시장에 거품으로 나타난다. 그 순간에는 호황이 지속될 것이라는 생각이 지배하지만 거품은 거품일 뿐, 거품의 붕괴와 함께 경제는 다시 어두운 길로 접어든다. 경제는 과잉의 정도에 따라 단순히 경기 침체에서 그칠 수도 있고, 몇 가지 요인이 겹치면 대공황 같은 위기에까지 이르기도 한다.

그러나 이기적인 개개인의 욕망이 만나 균형을 이루는 곳이 시장이고, 그런 자본주의 시장경제를 긍정한다고 했을 때, 건전한 욕망과 탐욕을 구분하기란 쉬운 일은 아니다. 욕망은 인간의 본성이자 사회를 움직이는 원동력이다. 지금의 세계적인 경제 위기를 탐욕의 탓으로만 돌리는 것은 인성을 넘어서지 못한 데 대한 책망 같기도 하다.

경제 활동의 근원은 인간의 욕망은 무한하지만 자원은 유한한 데 있다. 이 무한한 욕망, 유한한 자원이라는 명제를 긍정할진대, 필요한 것은 무한한 욕망을 적절히 통제하며 이 둘을 적절히 조화시킬 시스템이다. 애덤 스미스는 '보이지 않는 손'으로 경제학을 꽃피웠지만, 시장에서의 가격 결정만으로는 현실 경제에서 많은 한계가 드러났기 때문에 일정 수준의 정부 개입과 감독 시스템은 불가피하다. 그런데 이번 금융 위기는 위험 관리나 신용 관리 기법이 낙후되었거나 감독 시스템이 미비해서 발생한 것은 아니다. 오히려 시장에 대한 맹신, 금융 기법에 대한 과신, 그리고 감독 시스템에 대한 금융 당국과 의회의 거대한 착각에서 비롯된 것이 아닐까 하는 것이 나의 시각이다.

금융 당국의 대표 격인 앨런 그린스펀을 예로 들어보자. 연방준비제도이사회 의장이었던 앨런 그린스펀은, 정부는 규제는 적을수록 시장경제 원리에 충실할수록 좋다는 신념을 가진 보수주의자라고 할 수 있다. 1999년, 미국 의회가 금융계의 안정과 규제를 목적으로 제정되었던 글래스-스티걸 법을 폐지하고 금융 규제 완화를 주 내용으로 하는 GLB 법안을 통과시킬 때, 그린스펀은 이 법안을 적극 지지했다. GLB 법안 통과 당시 많은 우려가 제기되었던 파생상품시장의 규제 문제에 대해서 그린스펀은 고도의 금융상품인 파생상품을 규제한다는 것은 시대를 역행할 뿐만 아니라 금융계의 발전을 저해해 경제에 걸림돌이 될 것이라는 의견을 가지고 있었다.

이러한 금융 규제 완화와 자율화라는 시대적 대세에는 시장에 대한 맹신, 시장 근본주의가 바탕에 깔려 있었다. 그리고 작금의 현실은 이것이 거대한 착각임을 보여주고 있다. 시장 경제에 대해 잘못된 이해misunderstanding에 기초하여 역사가 주는 교훈을 도외시하고 판단을 그르쳐misjudge 적절한 제어를 하지 못했기 때문에 집값 상승도 영원할 것이고 주택담보대출모기지에 기초한 파생금융상품들도 안전하리라는 환상illusion에 사로잡히게 된 것이다. 이것이 '거대한 착각'의 본질이다.

시장경제 원리는 현재까지 가장 효율적인 생산체제로 증명되었다. 그러나 모든 분야를 시장경제에 맡기지 않고 정부가 어느 정도 개입하면서 자본주의는 더욱 안정된 시스템으로 성장하고 있다. 미국의 사회보장정책이나 연방예금보험공사의 예금보험 등이 좋은 조화의 예이다.

자본주의의 수정에 있어 금융계에 대한 규제가 절대적으로 필요하다는 사실을 우리는 대공황 때 배웠다. 대공황의 교훈을 바탕으로 금융계에 대한 총체적 규제가 완성되면서 미국 금융 산업은 안정기를 구가했다. 그런데 다시 안정 속에 금융권 탈규제 움직임이 나타나고 탐욕과 결합되면서 이번 금융위기가 발생했다. 그리고 그 여파는 전 세계에 미쳤다.

위기의 해법은 금융계의 욕망을 적절히 제어하고 이에 대한 탈규제의 논리를 다시는 받아들이지 않는 데 있다. 인간의 욕망을 긍정하고 시장경제에 대해 신뢰하면서 과도한 탐욕으로 흐르지 않도록 정부가 통제하고 감독할 수 있는 시스템을 확립하는 것이 필요하다.

이러한 관점 아래 서브프라임 사태에서 비롯된 글로벌 금융위기의 원인과 해법을 고민해보았다. 하루가 다르게 급변하는 위기 상황 속에서 서브프라임 사태는 이미 철 지난 유행가처럼 들릴 수도 있다. 그러나 서브프라임 사태가 이번 글로벌 금융위기의 뇌관이자 도화선이었다는 점에서 그 중요성을 간과할 수 없다. 또한 탐욕과 규제라는 측면에서 서브프라임 사태는 중요한 논점을 제공한다. 1장에서는 서브프라임 사태와 미국의 모기지 시장에 대해서 살펴본다.

위기가 세계로 확산되는 과정에서 큰 역할을 했던 파생금융상품도 주요한 고찰 대상이다. 금융공학이라 이름 하는 첨단의 도구를 통해 탄생한 이 '창조적' 금융상품은 전 세계를 하나로 묶는 사슬 역할을 했다. 연환계에 빠져 적벽대전에서 대패한 조조군의 함선들처럼 파생금융상품으로 묶여 있던 세계는 미국에서 서브프라임 사태라는 뇌관이 폭발하자 일시에 큰 혼란에 빠졌다. 그러나 파생금융상품 역시 서브프라임 모기지와 마찬가지로 역기능 못지않게 순기능도 크다. 파생금융상품에 대해서는 2장에서 논한다.

3장에서는 금융 위기의 원인이라 할 수 있는 시장근본주의, 시장에 대한 맹신에 대해 살펴본다. 세계 경제 대통령이라고까지 불리던 앨런 그린스펀 전 연방준비제도이사회 의장의 과오는 무엇이었는지, 그리고 어떻게 그런 거대한 착각이 가능했는지를 알아본다.

한국 경제는 여러모로 특이하다. 식민, 그것도 서양이 아닌 같은 동양 국가의 식민을 경험하고 미소 강대국을 대리한 동족간의 전쟁을 치르면서 모든 것이 초토화되었던 아시아의 작은 나라가 우수한 노동력 하나로 선진국의 문턱에 들어섰다. 개발독재와 민주화의 역사, 극도의 수출 중심 경제 구조로 이룬 경이적인 경제 성장, 1990년대 말의 외환위기와 역시 경이적인 외환위기 극복 과정 등 독특함을 넘어서는 놀라움으로 가득 차 있는 곳이 한국이다.

그러나 다른 한편으로는 비록 외환위기를 경험하면서 많이 좋아졌다고 하지만 자본주의 시장경제의 시각으로 볼 때 한국 경제가 아직까지 게임의 룰을 준수하려는 분위기나 의지가 여전히 부족한 것이 아닌가 하는 우려가 있다. 불투명성도 여전히 상존하고 있다. 4장에는 글로벌 금융 위기를 넘어 다음 시대를 위한 길과, 특별히 한국 사회에 대한 제언을 담고 있다.

첫 머리에 인용한 영문은 위대한 영혼이라 불리는 간디의 말이다. "지구는 모든 사람들의 필요를 만족시키기에는 충분하지만 모든 사람들의 탐욕을 충족시키기에는 충분치 못하다"는 간디의 이 말은 탐욕을 경계하며 절제를 강조하는 말이다. 하지만 사람들을 만족시키기에 충분하다는 그 필요를 정확히 파악하는 일, 그리고 필요에 따라 합당하게 분배하는 일 또한 불가능에 가까울 정도로 어려운 일이다.

평범한 인간들의 욕망은 간디가 말한 필요need와 탐욕greed 사이 어딘가에 존재할 것이다. 그렇다면 건전한 욕망이야말로 우리 사회의 상생과 지속 가능한 발전을 위해 필요한 것이 아닐까? 위기에 대한 해법 또한 그런 욕망이 건전하게 발현될 수 있도록 시장경제 원리에 충실하면서 적절한 규제를 조화시키는 것이 될 것이다.

최운화

당겨진 방아쇠

글로벌 금융 위기와 서브프라임 사태

글로벌 금융 위기의 시작

01

"월가의 시대가 저물고 있다"

2008년 9월 15일, 뉴욕에 있는 리먼브러더스 본사 건물 앞은 사진기자들로 장사진을 이루고 있다. 현관에 사람이 나타날 때마다 일제히 카메라의 셔터를 눌러댄다. 양손에 종이상자를 들고 가방을 둘러맨 정장 차림의 사람들은 어깨를 늘어뜨린 채 저마다 제 길을 간다.

158년 역사의 대형 투자은행 리먼브러더스가 파산보호 Chapter 11를 신청한 날의 풍경이다. 그렇게 리먼브러더스라는 이름은 역사 속으로 사라져갔다. 리먼브러더스의 파산은 지난 20여 년간 세계 경제를 쥐락펴락하던 투자은행의 시대가 저물고 있음을 보여주는 상징이다.

다른 투자은행들도 마찬가지였다. 5대 투자은행 중 하나로 꼽히던 베어스턴스는 2008년 3월에 서브프라임 사태로 인한 유동성 악화를 견디지 못하고 JP모건체이스에 인수되었다. 리먼브러더스가 파산보호 신청을 하기 하루 전인 9월 14일에는 메릴린치가 뱅크 오브 아메리카BOA에 인수되었다. 그리고 9월 21일, 1, 2위 투자은행인 골드만삭스와 모건스탠리는 금융지주회사로 전환했다. 이렇게 1~5위에 이르는 투자은행이 사라짐으로써 한 시대를 풍미했던 투자은행의 시대는 저물었다.

한편 금융 위기 극복을 위한 정부 차원의 지원도 이어졌다. 9월 7일, 미국 정부는 프레디맥과 패니메이에 2,000억 달러를 투입해 국영화했다. 이들 회사는 모기지 채권을 사들여 모기지 유동화채권MBS을 만들어 파는 것을 주 업무로 하는 모기지 금융기관이다. 미국 모기지 시장의 절반 이상을 이 두 회사가 차지하고 있으며, 가치 투자자로 유명한 피터 린치나 워런 버핏이 투자해 많은 수익을 올리기도 했던 우량한 기업이었다.

9월 16일에는 연방준비제도이사회가 세계 최대의 보험사인 AIG에 850억 달러 규모의 구제금융을 지원했다. 이 구제금융을 통해 미국 정부는 AIG의 지분 79.9%를 인수했다. AIG에 대한 지원은 10월 1,230억 달러로 늘었다가 11월에는 1,500억 달러로 확대되었다. 19일, 부시 행정부는 7,000억 달러 규모의 구제금융안을 발표한다. (구제금융안은 의회에서 부결되었다가 10월에 다시 통과되었다.)

시장경제를 신봉하는 자본주의의 심장부 미국에서 사실상의 국유화와 제한을 두지 않는 시장 개입이 벌어졌다. 이 모든 일들이 2008년 9월에 벌어진 일들이었다. 월스트리트 사상 가장 긴박했던 한 달이었으며, 미국의 자본주의가 전환점을 맞이하는 순간이었다. 10월 5일자 「뉴욕타임스」는 "월가의 시대가 저물고 있다"고 썼다.

위기의 시작

시간을 거슬러 올라가보자. 2007년 4월, 미국의 2위 서브프라임 모기지 대출회사인 뉴센추리 파이낸셜NEWC이 파산보호를 신청했다. 모든 것이 잘 돌아간다고 믿고 있던 미국 금융계에 처음으로 빨간 불이 켜진 것이다. 그때까지 수많은 경고가 있었지만 부동산 불패론을 정점으로 하는 생산성 이론과 글로벌화의 혜택이라는 새로운 경제 체제의 방어 논리로 일축되었다. 그러다 뉴센츄리의 몰락으로 시작된 실제 경고에 어떻게 대응할지 당황하기 시작했다.

대부분의 대형 사건의 인식 과정이 그러하듯 처음의 반응은 일개 금융기관의 실패로 치부되는 듯했다. 여러 주택담보 대출 기관 중 특히 실적이 좋지 않은 회사가 문을 닫은 것에 지나지 않으며 전체 금융업계의 문제는 아니라는 것이었다. 부정의 단계다.

그러다 부실로 인하여 모기지 관련 업체들이 연이어 도산하고 주가가 폭락하기 시작하면서 현실을 새롭게 인식하기 시작했다. 2007년 6월, 베어스턴스가 보유한 두 개의 헤지펀드가 서브프라임 모기지 관련 투자 손실로 부도 위기에 직면하면서 이러한 인식은 급물살을 타기 시작한다. 서서히 문제를 인식하고 두려움이 나타나기 시작하는 2차 단계로 접어든 것이다. 문제 인식의 단계다.

이때부터 미국과 전 세계는 '서브프라임'이라는 말에 주목하기 시작했다. 이후 2007년 8월부터는 세계 최대 금융기관인 시티그룹을 위시하여 대형 금융기관들의 유동성 고갈이 나타났다. 미국 연방준비제도이사회는 긴급 자금 공급과 급격한 금리 인하를 단행했다. 기준금리를 결정하는 연방공개시장위원

· 미국 금융 위기의 전개 ·

2007년 4월 2일	뉴센추리 파이낸셜(미국의 2위권 서브프라임 모기지 업체) 파산보호 신청.
2007년 6월 22일	베어스턴스, 파산 위기의 산하 헤지펀드 두 곳에 32억 달러의 긴급 자금 투입.
2007년 9월 18일	FRB, 연방기금금리를 4.75%로 인하. 신용 경색 차단을 위한 공격적 금리 인하 시작.
2007년 10월 31일	FRB, 연방기금금리를 4.50%로 인하.
2007년 12월 11일	FRB, 연방기금금리를 4.25%로 인하.
2008년 1월 11일	컨트리와이드(미국의 대형 모기지 업체), 뱅크오브아메리카(BOA)에 인수됨.
2008년 1월 22일	FRB, 연방기금금리를 3.50%로 인하.
2008년 1월 30일	FRB, 연방기금금리를 3.00%로 인하.
2008년 3월 16일	FRB, 연방기금금리를 2.25%로 인하.
2008년 3월 18일	FRB, 연방기금금리를 2.00%로 인하.
2008년 7월 11일	인디맥(모기지 대출업체) 파산.
2008년 9월 7일	미국 정부, 2,000억 달러 투입하여 프레디맥과 페니메이(미국의 양대 모기지 금융기관) 국영화.
2008년 9월 15일	리먼브러더스, 파산보호 신청. 메릴린치, 뱅크오브아메리카(BOA)에 500억 달러에 인수됨.
2008년 9월 16일	FRB, AIG에 850억 달러 구제금융.
2008년 9월 21일	골드만삭스와 모건스탠리, 금융지주회사로 전환.
2008년 10월 8일	FRB, 연방기금금리를 1.50%로 인하.
2008년 10월 29일	FRB, 연방기금금리를 1.00%로 인하.
2008년 12월 16일	FRB, 연방기금금리를 0~0.25% 범위로 인하. 사실상 제로금리 선언.

회FOMC 회의에서 7차례나 연속으로 기준금리를 인하할 정도였다. 어느덧 서브프라임이라는 단어는 대공황의 공포를 불러올 만큼 세계 금융권을 폭풍으로 몰고 간 주범이 되어 있었다.

서브프라임 대출이란 무엇인가

세계를 대공황의 불안으로 이끈 주역인 '서브프라임'이라는 용어는 대출 산업에서 우량 대출자에게 대출해주는 프라임 대출prime lending과 구분하여 단순하게 비우량 대출자에게 해준 대출이라는 의미로 이름 지어진 '서브프라임 대출subprime lend-ing'에서 출발했다. 여기서 비우량 대출자란 개인신용정보에 연체 기록이 있거나 아예 신용 기록이 없는 대출자를 지칭하는 것으로 신용도에 흠이 있는 사람이라고 생각하면 된다.

그러나 논의의 한복판에 있는 서브프라임이라는 용어는 단순히 서브프라임층, 즉 비우량 대출자층에만 국한되지 않은, 보다 넓은 범위를 아우르는 광의의 개념이다. 알트에이alt-A라고 불리는, 우량 대출과 비우량 대출의 중간 단계 신용도를 가진 대출자까지 포함하면서 완벽한 우량 대출이 아니면 서브프라임으로 간주되는 혼돈된 개념이라고 보는 편이 타당하다.

알트에이는 비우량 대출자보다 신용점수가 더 좋은 사람들에게 제공되는 대출이다. 이들 대출자에 대한 대출 조건이 전통 보수적 기준을 따르지 않는다는 점에서 우량 대출보다는 위험이 큰 대출로 분류된다.

미국에서는 전통적으로 세 가지 기준을 충족할 때 우량 대출로 인정받는다. 첫째, 대출자의 신용점수가 좋아 대출 상환에 대한 의지가 있다는 확인이 있어야 한다. 이는 대출 상환능력 유무와 상관없이 약속을 잘 지키는 사람은 채무 이행에 대한 책임감이 높고 어려울 때 생활수준을 낮추어서라도 빚을 갚을 의지가 있다는 가정에 근거한 기준이다. 이 신용점수는 개인 대출 상환 기록을 모아 나름대로의 점수를 설정해주는 신용평가기관의 평점에 의지한다. 주로 월부금을 갚았던 기록이 주가 되고 여기에 차압이나 연체금 회수를 위한 강제추심 등의 기록이 추가돼 전체 기록을 결정한다.

둘째 기준은 대출 상환능력이다. 채무 이행을 잘 하겠다는 의지가 강해도 능력을 넘어선 부채가 있으면 연체 가능성이 높다. 이 가능성을 낮추기 위해 대출 당시 대출자의 상환능력이 빚을 감당할 능력이 되는지 검토하고 역사적인 통계에 의거해 빚의 수준이 어느 정도를 넘으면 안 되는지 상한선을 정한다.

대출 상환능력은 대출금을 한 달에 갚아나가는 월 상환금으로 쪼갠 뒤 현재 대출자의 소득과 비교하는 계산 방식으로 측정한다. 한 달에 2,000달러를 상환해야 할 때 대출자의 한 달 수입이 5,000달러면 소득 대비 대출 상환 비율debt to income ratio-DTI, 총부채상환비율은 2,000달러를 5,000달러로 나눈 40%가 된다.

셋째 기준은 담보 대비 대출 비율lone to value-LTV, 주택담보인정비율이다. 이는 집값에 대비하여 몇 퍼센트까지 대출을 받느냐는 기준이다. 미국 모기지 업계의 통상적 기준으로는 80%가 최대 비율이다. 이 기준은 대출자에게 불의의 사태가 생기더라도 대출기관이 집을 차압해 매각한다면 손실을 보지 않는 수준에 맞춰 결정된다.

보통 집을 차압해 매각하면 차압에 드는 법원비용과 차압 후 매각까지의 관리비용, 그리고 매각 시 발생하는 수수료 등으로 10%의 비용을 산정하고, 차압 주택에 대한 시장의 할인 심리 10%를 가정하면 20%가 되기 때문에 80%까지 대출을 해주더라도 정상적인 부동산시장에서 은행은 거의 손실을 입지 않을 수 있다.

이렇게 우량 대출은 신용, 상환능력, 담보비율이라는 세 요소에서 모두 최저 기준을 충족한 대출이라고 규정된다. 이 기준을 지금 문제되고 있는 서브프라임에 대입하면, 이 세 가지 중 어느 하나라도 완화가 된 대출을 광의의 서브프라임 대출이라고 보면 될 것이다.

구체적으로, 신용기준이 최저점보다 낮거나 대출자의 상환 능력을 확인할 소득 검증 절차를 면제해주거나 적정선보다 담보비율을 높게 해주는 것, 이 세 가지 중에 한 가지 이상 가지고 있는 대출을 서브프라임 대출이라고 본다.

여기에 대출 상환금을 전통적인 계산보다 덜 낼 수 있도록 변형한 상품도 서브프라임에 들어간다. 처음 일정 기간 동안 이자만 상환하는 방식, 대출자의 선택에 의해 이자만 내거나 이자조차도 다 내지 않는 상환 방식 등이 포함된다. 즉, 이 경우 대출의 조건이 열악해 비우량으로 분류되는 것이다.

서브프라임 대출의 순기능

서브프라임 대출이 우량 대출보다 많은 이자를 내기는 하지만 금리의 유형은 일반 대출과 마찬가지로 고정금리, 변동금리 모두 가능하다. 고정금리 방식은 대출 기간 내내 같은 이자율이 적용되는 방식이다. 미국 모기지는 대부분 30년 동안 분할 상환하는데 고정금리 방식은 30년 동안 같은 이자율이 적용된다. 서브프라임 대출의 경우 우량 대출에 비해 고정금리 자체가 높다.

변동금리 방식의 경우는 기준 금리를 책정하고 정해진 추가 금리를 여기에 가산해 금리가 정해지는 방식이다. 이 때 책정된 기준 금리는 변동될 수 있으며, 기준 금리가 변하면 모기지 금리도 그에 따라 변하게 된다.

미국 모기지의 경우, 유럽의 기준 금리의 대표 격인 리보LIBOR나 저축금리인덱스cost of savings index, COSI, 조달금리비용인덱스cost of fund index, COFI, 10년 만기 연방채권의 수익률을 기준 금리로 하고 거기에 추가 금리spread를 가산하는 방식을 사용한다. 변동금리 방식의 경우도 서브프라임 대출이 우량 대출에 비해 추가 금리가 높다.

FALPFirst American Loan Performance의 2007년 9월 표본조사에 의하면 서브프라임 대출은 평균적으로 인덱스이자율에 4%포인트를 스프레드(추가 금리)로 더 내고 있다. FALP의 기준에 의하면 스프레드가 3%포인트를 넘으면 고금리로 분류한다.

조금 더 구체적으로 살펴보면 변동금리 상품 중에는 2/28이라는 상품이 있다. 이는 첫 2년간은 낮은 이자율로 고정해주고 그 이후 28년간은 인덱스에 스프레드를 붙여 이자율을 계산하는 방식이다. FALP의 조사 결과, 이 경우에도 서브프라임 대출자는 2007년 9월 기준으로 첫 2년간 8%의 이자율을 낸 것으로 나타났다. 같은 시점에 우량 대출자는 30년 고정이자율로 6.2%를 낸 것으로 조사돼 그 차이가 어느 정도인지 알 수 있다.

이렇게 이자율이 비싸다 보니 서브프라임 대출을 이용하는 대출자는 대출을 받아 집을 산 후 어느 정도 기간이 지나 신용 기록도 쌓이고 집값도 올라 우량 대출 자격을 획득하면 우량 대출로 재융자하는 경우도 많다.

이렇게 서브프라임 대출은 신용 기록이 나쁘거나 아직 신용을 쌓지 못한 대출자들이 주택 구입을 위해 일시적으로 이용했다가 신용 기록이나 소득, 주택 가격 등의 조건이 좋아지면 우량 대출로 갈아타는 수단으로 활용되어온 상품이었다.

지금 세계를 불안에 떨게 하는 경제 위기의 주범인 서브프라임 대출은 그 자체가 문제의 소지가 있는 악덕 상품은 아니었다. 미국 사회에는 여러 이유로 신용 기록이 없거나 좋지 않은 사람들이 있다. 사회에 처음 진출한 경우나 경제적 어려움을 겪어 신용 기록이 나빠지는 일은 항상 존재한다. 이런 사람들이 주택을 구입하는 수단으로 이용한 서브프라임 대출은 사회적 순기능을 담당해왔다. (물론 약탈적 대출Predatory lending이라는 표현이 생길 정도로 악덕 대출업자에 의한 대출도 존재했으며, 사회적 문제가 되기도 했다.)

그런 점에서 서브프라임 대출 자체가 문제가 아니라 과도한 양적 팽창이 문제라고 해야 한다. 금융권에서 역사적으로 유지되던 수준의 서브프라임 대출이라면 이토록 대형 사건으로 이어지지 않았을 것이다. 경기가 나빠져 문제가 된다 하더라도 대부분의 금융기관들이 흡수할 수 있는 능력이 있다. 지금의 문제는 서브프라임 대출이 금융권이 감당할 수 없는 규모로 팽창한 데서 그 원인을 찾을 수 있다.

과도한 팽창

서브프라임 대출은 1990년대 후반 각광을 받기 시작하더니 2000년대 들어 본격적으로 증가한다. 2000년대 들어설 때만 해도 신규 주택 융자 건수 중 서브프라임 대출이 차지하는 비중은 전체 대출 건수의 약 6% 정도였다. 그런데 2006년에는 그 비율이 무려 25%로 올라갔다. 연방준비제도이사회 이사인 랜덜 크로즈너Randall Kroszner의 자료에 의하면 2007년 후반 서브프라임 대출은 약 775만 건으로서 전체 주택 융자 건수 중 14%를 차지하고 있다.

서브프라임 대출이 크게 증가했을 때 생길 수 있는 문제는 당연히 연체와 부도다. 서브프라임 대출은 태생적으로 높은 연체율로 연결될 수밖에 없다. 따라서 서브프라임 대출이 증가하면 연체율이 증가하는 것은 당연한 현상이다.

그러나 2000년대 초반까지는 연체율의 이례적 상승이 나타나지 않았다. 허리케인 같은 사태를 겪은 연안 지역처럼 특정 지역의 연체율이 올라가는 일은 있었어도 미국 전체적으로는 역사적 평균과 비슷한 수준의 연체율을 유지하고 있었다.

문제는 2005년이 지나면서 갑자기 나타났다. 7%에서 13% 사이에서 등락을 거듭하던 서브프라임 대출의 연체율이 2006년을 지나고 2007년에 이르러서는 25%를 상회하기 시작한 것이다. FALP의 자료에 따르면, 2007년 9월 기준 미국 도심 지역의 서브프라임 연체율의 중간값이 17.4%에 이르고, 그 분포는 가장 낮은 지역의 7%에서부터 가장 높은 지역의 30%까지 이르는 모습을 보이고 있다. 왜 이런 모습을 보이는 것일까?

급등하는 연체율

서브프라임 대출은 대출의 건전성을 보장하는 신용, 상환능력, 보수적 담보비율이라는 세 가지 기준을 지키지 않는 대출이다. 이미 스스로 우량 기준을 양보하고 이루어진 대출이기 때문에 연체율이 높아지는 것은 당연한 결과라 할 수 있다.

그런데 연체율이 증가하기 시작한 시점이 2005년부터였던 것은 왜일까? 그것은 서브프라임 대출이 2004년 이후 본격화했기 때문이다. 일단 대출을 받게 되면 처음 몇 개월간은 대출자도 집을 산 기쁨으로 열심히 대출을 갚는다. 하지만 시간이 지나면서 결국 문제는 드러나게 된다. 상환능력 자체가 안 되거나 높은 담보비율 덕분에 능력 이상의 대출을 받았으니 결국 연체에 빠질 수밖에 없다. 이때 신용도가 나쁜 사람이라면 갚아야 한다는 의지마저 약해 우량 대출자에 비해 더 빨리 연체에 빠진다.

이런 관점에서 보면 2005년부터 연체율이 올라가는 현상은 서브프라임 대출의 양산에 따른 당연한 현상으로 이해된다.

두 번째로 지적되는 부실 증가의 원인은 주택 가격 상승 행진이 멈추었다는 점이다. 2004년 6월 이후 금리가 올라가면서 주택 가격의 상승 속도가 급격히 감속한다. 집값이 급격하게 오를 때는 대출자가 월 상환금을 갚지 못하는 상황에 처하게 되면 집을 팔아서 정리를 한다. 그동안 집값이 올랐기 때문에 대출자도 빚을 갚지 않아 집을 차압당하는 것보다는 집을 팔아 빚도 갚고 어느 정도의 투자 수익도 갖는 편이 유리하다는 판단을 한다. 그러나 집값이 오르지 않거나 오히려 떨어지면 굳이 그럴 유인이 사라지므로 집을 팔지 않고, 결국 연체에 빠지게 되는 것이다.

여기에 한 가지 역할을 더하는 요소가 바로 담보비율이다. 우량 대출은 80%까지만 대출을 받고 최소한 20%는 자기 돈을 내고 집을 산다. 따라서 집을 산 사람은 자기 자금이 목돈으로 들어갔기 때문에 집을 지키고자 하는 의지가 높다. 그러나 서브프라임 대출은 대부분 자기 투자가 없이 100% 대출을 해서 집을 사는 경우가 많다. 그렇기 때문에 내 자금을 지켜야 하는 의지가 거의 없다. 넓은 의미의 도덕적 해이 현상이 나타나는 것이다. 내 돈 안 들이고 집을 샀으니 집을 차압당해도 그리 아쉬울 것이 없고 그러다 보니 내 능력에 벗어나는 집을 사서 잘 되면 크게 벌 수 있고 안 되면 그냥 집을 뺏기면 된다는 식의 도덕적 해이가 서브프라임 대출의 바닥에 깔려 있다.

이런 배경에서 서브프라임 대출을 받은 사람들 대다수는 주택 가격이 앞으로도 많이 오를 것을 예상해 자신의 능력을 넘어서는 집을 구입했는데 2005년부터 주택 가격 상승의 속도와 폭이 현저히 줄어드니 집을 팔아서도 해결이 안 되고 그렇다고 상환능력도 안 되니 어쩔 수 없이 연체하기 시작한 것이다.

이렇게 원래부터 신용을 지키고자 하는 대출자의 의지가 겸

증 안 됐거나 부족했던 서브프라임 대출이 양산되고 부동산 가격마저 상승 폭이 현저히 줄어들자 부실이 급증하기 시작했다. 이 대규모 부실은 은행권의 부담으로 그대로 연결되어 서브프라임 대출을 집중적으로 해준 금융기관의 문제로 터지고 더 나아가 금융권 전체의 위기로 번진 것이다.

왜 서브프라임이 위기의 원흉이 되었는가

앞에서도 본 바와 같이 원래 서브프라임 대출은 그 속성상 연체 가능성이 높다. 그러나 서브프라임 대출의 높은 연체율이 금융권 전체의 문제로까지 확대될 개연성은 그리 높지 않다. 그렇기 때문에 서브프라임 대출이 전 세계 금융권을 혼란으로 몰고 간 이유를 서브프라임 대출의 위험도가 높다는 식의 개별적 관점에서는 찾기 어렵다.

서브프라임 대출이 대형 금융 위기로 연결된 직접적 이유는 앞서 지적한 대로 그 규모의 비정상적 팽창에서 찾아야 한다. 2000년대 초반 전체 대출에서 차지하는 비중이 6%대에 불과했는데 2007년에 이르러 14%까지 올라갈 정도로 서브프라임 대출이 급격하게 증가했던 상황이 금융권의 재무제표를 왜곡

시키고 금융시장을 대혼란에 빠뜨린 주범인 것이다.

그 연결 고리는 모기지 시장의 구조에서 찾을 수 있다. 모기지 흐름은 일단 은행이 개별 대출자에게 집을 담보로 대출을 해주면서 시작된다. 은행은 그 모기지 채권을 그냥 가지고 있을 수도 있고 다른 금융기관에 팔 수도 있다.

다른 기관에 판다는 말은 모기지 채권의 모든 권리를 양도하고 그 모기지에 해당하는 돈을 받는다는 말이다. 예를 들어 A라는 은행이 10만 달러의 모기지 대출을 했다고 하면 그 은행의 장부에는 10만 달러의 대출이 기록되고 현금 10만 달러를 집을 판 사람에게 지급한다.

그런데 A 은행은 그 10만 달러짜리 모기지 채권을 다시 B라는 금융기관에 팔 수가 있다. B 금융기관은 10만 달러를 A은행에 지급하고 모기지 채권의 권리를 사들임으로써 담보와 함께 대출자에게서 월 상환금도 받게 된다.

그러면 A 은행은 다시 10만 달러의 현금이 생기고 그 현금으로 또 모기지 대출을 할 수 있게 된다. 이렇게 모기지 채권을 만들어 제2의 금융기관에 파는 과정이 되풀이되면 A 은행은 첫 10만 달러의 현금으로 몇 개, 몇 십 개의 모기지 채권을 만들 수 있다.

실제로 모기지 채권을 파는 구조를 살펴보면, 대개 이를 사들이는 제2의 금융기관이 대형 기관이어서 모기지 채권을 하나씩 사지 않고 몇 십 개, 몇 백 개의 모기지 채권을 모아서 사들인다. 이렇게 몇 백 개의 모기지 채권을 하나로 모아서 사고 파는 거래를 '증권화securitization'라고 하고, 이렇게 모아진 모기지 채권을 '모기지유동화채권mortgage backed security, MBS'이라고 부른다.

모기지 채권을 사들인 기관은 자체적으로 갖고 있기 위해 사기도 하지만 그 채권을 일반 투자자에게 되팔기 위해 사들이는 경우가 대부분이다. 즉 10만 달러짜리 모기지 채권을 100개 모으면 1,000만 달러짜리 채권이 되는데 이 채권을 만든 금융기관은 다시 열 개의 100만 달러짜리 모기지유동화채권으로 만들어 일반 투자자에게 판다.

은행은 자기 자금으로 모기지 대출을 하고 이 채권을 제2의 금융기관에 팔아 다시 자금을 확충하고 다시 그 돈으로 모기지 대출을 하는 식으로 자기 자금 규모의 몇 배, 몇 십 배에 해당하는 모기지 대출을 해줄 수 있었다. 문제가 되었던 컨트리와 이드Countrywide나 워싱턴 뮤추얼Washington Mutual 등의 대형 모기지 은행들이 실제로 그렇게 했다.

이들 모기지 채권을 모아서 사들인 금융기관은 대부분 투자은행이었다. 이들은 이 채권을 다시 다른 금융기관과 헤지펀

드 등에 팔았다. 이런 경로로 미국뿐만 아니라 전 세계 금융권
이 모기지유동화채권을 대량으로 구입했다.

한편 이렇게 대량으로 판매되는 모기지유동화채권은 매 기
간마다 들어오는 수익을 목적으로 판매되기도 했지만 금융기
관 사이에 대출을 할 때 담보로도 사용되었다. 즉 뱅크 오브 아
메리카Bank of America가 메릴린치Merril Lynch에 자금을 빌려줄 때
메릴린치가 가지고 있는 모기지유동화채권이 담보로 제공되
는 것이다.

우량 채권이 쓰레기 채권으로

유동화 과정을 통해 많은 투자은행과 상업은행 들이 모기지
유동화채권을 양산하다 보니 전 세계 대형 은행은 어떤 형태로
든 상당량의 모기지유동화채권을 소유하게 된다.

그런데 이 모기지유동화채권 중 2005년 이후 서브프라임
대출에 기초해 양산된 채권에서 문제가 발생한다. 서브프라임
대출에 대량 부실이 생기기 시작하게 되고 그러자 서브프라임
모기지를 바탕으로 만들어진 유동화채권이하 서브프라임 MBS 역시
부실해지면서 이 채권의 신용등급이 급격히 하락한 것이다.

채권이 금융권에서 거래가 되려면 채권 자체의 신용 상태를 평가해야 한다. 시장에서는 객관적인 제삼자의 신용 평가를 신뢰하게 되는데, S&P, 무디스, 피치 등이 채권 신용등급을 책정해주는 대표적 신용평가회사이다. 세계 금융권에서 주로 거래되는 채권들은 이들 신용평가사에서 우량 채권으로 인정받은 채권들이다. 서브프라임 MBS도 이들 기관에 의해 대부분 우량 채권으로 평가받아 활발하게 거래가 되었다.

그런데 대량의 연체가 발생하자 이들 신용평가회사들은 갑자기 서브프라임 MBS의 신용등급을 투자 부적격 채권junk bond 등급으로 하락시킨다. 이미 무수한 서브프라임 MBS가 전 세계적으로 퍼져 있는 상태에서 신용등급의 하락은 거의 핵폭탄과 같은 재앙을 가져오게 된다.

대형 금융기관들은 서브프라임 MBS를 담보로 서로 돈을 빌려주었다고 이미 설명하였다. 이러한 서브프라임 MBS를 담보로 이루어진 은행 간 대출은 본 채권의 신용등급이 우량이라는 조건을 전제로 가능했다. 그런데 신용등급이 투자 부적격으로 떨어지면서 서브프라임 MBS가 담보로서의 기능을 상실한다.

담보 기능을 상실한 채권에 대해 돈을 빌려준 금융기관은 돈을 빌려간 금융기관에 당장 빚을 갚거나 아니면 다른 담보로 대체할 것을 요구한다. 그러나 짧은 시간 내에 빚을 갚을 수도 다른 담보로 대체할 수도 없는 것이 금융기관의 현실인 관계로 금융권에는 비상이 걸린다.

이미 있는 대출을 못 쓰게 하고 바로 대출 회수에도 들어가면서 금융기관 간 신용이 급속하게 냉각된다. 그리고 가지고 있는 채권에 대한 신뢰가 한꺼번에 무너지면서 대형 은행끼리 서로가 서로를 믿지 못하는 신용 경색이 발생한다.

이것이 바로 신용 경색에 의한 금융 위기의 실체이다. 원래부터 비우량 대출이었던 서브프라임 대출을 믿고 금융권이 유동화의 과정을 통해 천문학적인 확대 재생산을 해 부동산시장의 거품을 만들어냈고 이 과정에서 대형 은행들은 모기지 채권을 유동화 하면서 막대한 수익을 챙겼다.

그러다 보니 수많은 세계적 금융기관들이 서브프라임 MBS를 대량으로 소유하게 되었는데 어느 날 갑자기 그 서브프라임 MBS들이 우량 채권이 아니라 '쓰레기 채권'이 되어 있는 현실에 맞닥뜨린 것이다.

서브프라임 MBS로 쌓은 모래성은 이렇게 무너졌다. 그 이후 은행 간 대출의 급속한 경색이 일어나 대출 재원이 차단되면서 주택시장은 더욱 침체에 빠졌고 주택시장의 침체가 깊어지자 부실 대출은 더욱 늘어났으며 부실 대출이 늘어날수록 MBS의 신용등급은 더욱 떨어지는 악순환이 계속되면서 금융 위기는 헤어날 수 없는 상태가 되었다.

거대한 착각

이상과 같이 정리한 서브프라임 사태는 한마디로 거대한 착각이라고밖에 묘사할 말이 없다.

전통적 우량 대출의 세 가지 기준을 다 포기한 비우량 주택담보대출이 부동산 가격은 계속 오른다는 전제 하에 대량으로 만들어지고 이들 비우량 대출을 모아 만든 서브프라임 모기지 유동화채권서브프라임 MBS은 세계적 신용평가기관에 의해 우량 채권으로 둔갑한다.

이렇게 우량 채권으로 둔갑한 서브프라임 MBS를 전 세계 금융기관들이 3년이 넘는 기간 동안 사들이면서 서브프라임 MBS는 상당히 큰 비중을 차지하는 금융권 자산으로 성장한다. 그러다 이들 채권의 실상이 대규모 부실로 드러나면서 하루아침에 신용등급은 쓰레기 등급으로 전락하고 이들 채권을 대량으로 가지고 서로 담보로 주고받던 은행권은 담보 거부와 대출 중단이라는 초유의 신용 경색 사태에 빠져든 것이다.

이 전개 과정에 속해 있는 우리 시대의 사람들은 서브프라임 사태가 상당히 복잡한 금융계의 문제라는 인식을 가지고 있다. 마치 대단한 고등수학의 결과로 금융계가 얽혀 있다고 생각하는 것이다.

그러나 한발 뒤로 물러나 이 전개 과정을 살펴보면, 애당초 쓰레기 등급의 대출을 가지고 포장을 거듭하다 보니 우량 등급의 채권이 되어 있는, 갑자기 거지가 왕자로 둔갑한 현상임을 단박에 알 수 있을 것이다. 우주에서 지구를 내려다보듯 이번 사건을 조망한다면, 과거 네덜란드의 튤립 사건처럼, 또 지난 1990년대 말의 IT 산업의 나스닥 거품처럼 이번 사건 역시 너무나 상식 밖의 논리가 판친 소동이라 할 수 있다. 그러나 이번 사건의 경우 지나가는 떠들썩한 소동에 그치는 것이 아니라는 데 문제의 심각성이 있다.

세계 최고의 능력과 학력을 가지고 많은 사회 초년병들의 선망의 대상이었던 월가는 바로 이 거대한 착각의 지휘자였다. 각 은행들은 조연으로 열심히 참여했고 이 착각의 피해를 이제 국가가 떠안아야 할 때가 되었다. 국가가 떠안는다는 말은 바로 국민이, 그리고 앞으로 자라날 다음 세대 국민이 감당해야 한다는 말이다. 한 번의 거대한 착각은 우리의 후손에게 엄청난 빚을 안긴 채 마무리되고 있다.

무엇이
문제였나?

위기의 원인原因

2007년부터 시작된 금융계의 파국과 실물경제의 위기는 서브프라임 채권의 급격한 팽창과 부실에 원인原因이 있다. 그러나 한층 더 깊이 들어가면 그 뿌리는 1990년대 말부터 시작된 금융시장 팽창에 닿아 있으며 현 위기는 이로부터 전개된 당연한 과정이자 결과로 보는 것이 타당하다.

금융시장이 팽창한다는 것은 시중에 유동성, 즉 돈이 늘어난다는 것을 의미한다. 유동성이 늘면서 그만큼 생산성이 올라가면 생산이 늘고, 생산이 늘면 생산에 참여한 노동자들의 소득이 늘고, 노동자들의 소득이 늘면 소비가 늘어나 경제가 원활하게 돌아가는 선순환이 일어난다.

그런데 늘어난 돈이 그만큼의 생산성 증가로 연결되지 않으면 기존의 투자 대상으로 돈이 몰리게 된다. 투자 대상으로 몰리면 자연히 투자 대상의 가격이 오르게 되는데 이때 다시 한번 확인해야 할 것은 자산가치의 상승이 생산성에 기여하는가 하는 점이다.

만약 값이 오른 투자 대상이 그만큼 생산성 증가에 기여하지 못한다면 값만 올리게 될 뿐 경제 전체의 후생에는 아무런 기여를 못하게 된다. 생산성과 연결되지 못한 투자 대상의 가격 상승은 지속될 수 없으며 거품이 끼게 된다. 거품은 언제가 될지 모르지만 꺼질 수밖에 없다.

이번에 미국이 겪은 주택시장의 사례를 보자. 2000년 주식시장의 붕괴와 2001년의 경기 침체를 겪으면서 금융 당국은 경기 부양을 위해 초저금리정책을 실시했다. 여기에 9 · 11 사태라는 최악의 불안이 가중되자 초저금리 정책은 더욱 강화되었다.

초저금리 정책을 쓰면 시중에는 돈이 늘어나게 된다. 늘어난 돈은 새로운 투자처를 찾게 되는데 당시 미국의 경제는 연간 2~3%의 성장을 하고 있을 뿐이었다. 돈은 늘어나는데 생산으로 연결될 기업 투자로는 만족할 만한 수익을 올리기 어려웠다는 얘기다.

늘어난 돈이 눈길을 돌릴 수 있는 곳은 주식시장과 부동산시장이 대표적이다. 그런데 당시 주식시장은 2000년 나스닥 거품이 꺼진 이후여서 섣불리 들어갈 수 없었다. 결국 부동산시장, 그중에서도 주택시장으로 돈이 몰리기 시작했다.

돈이 주택시장으로 몰리면서 주택 가격은 뛰어올랐다. 초저금리 정책으로 인해 주택 융자도 훨씬 쉬워졌다. 금융기관 입장에서는 더 많은 대출을 해줄 수 있었으며 수익성 유지를 위해 매우 적극적이었다. 융자를 받는 사람 입장에서도 이자가 싸지니 많은 돈을 빌려도 이자 부담이 더 커지는 것은 아니었다.

50만 달러의 집을 구입하기 위해 40만 달러를 대출받는다고 하자. 이자율이 10%일 때 1년에 4만 달러의 이자를 내던 것이 이자율이 5%로 떨어지면 이자를 2만 달러만 내면 된다.

이 산수는 거꾸로 말하면 1년에 4만 달러의 이자를 낼 수 있는 사람의 경우 10% 이자율 시절에는 감당할 수 있는 대출원금이 40만 달러 정도인데, 이자율이 5%로 떨어지면 80만 달러를 빌려도 감당할 수 있다는 뜻이다.

이렇게 초저금리 상황이 지속되면서 같은 수입을 가지고 더

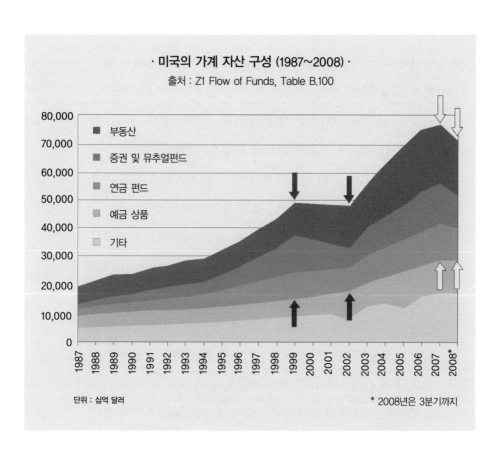

· 미국의 가계 자산 구성 (1987~2008) ·

출처 : Z1 Flow of Funds, Table B.100

- ■ 부동산
- ■ 증권 및 뮤추얼펀드
- ■ 연금 펀드
- ■ 예금 상품
- □ 기타

단위 : 십억 달러

* 2008년은 3분기까지

많은 빚을 감당할 수 있게 되었던 것, 즉 주택 융자 상환 능력
이 커지게 되었던 것이 수요 측면의 팽창 요인이라 할 수 있다.

한편 주택 융자 기관들은 원리금 상환 방식에서 벗어나 더
창의적인 상품을 개발해 상환 능력을 키운다. 예를 들면 이자
만 갚아도 되는 융자라든가, 첫 2년간은 낮은 이자율로 갚고 2
년이 지난 후부터 이자율이 조정되는 방안이라든가, 심지어는

이자만 내는 정도를 넘어서 이자를 다 내지 않아도 되는 방식까지 도입되었다.

낮은 금리와 창의적인 상환 방식의 난무로 주택 구입자는 같은 수입으로 이전보다 훨씬 비싼 집을 구입할 수 있는 능력이 생겼다. 집이 없던 사람들은 집을 사기 시작했고 집을 가지고 있던 사람들은 더 비싼 집으로 이사하기 시작했다.

이렇게 유동성 증가는 주택 융자 시장을 키웠고 저금리는 이 융자를 이용할 대출 수요를 키워 주택 수요는 나날이 커져만 갔다.

반면, 주택 공급은 건설을 통해서 이루어지기 때문에 완공되어 인도될 때까지 상당한 회임기간이 필요했다. 공급 창출과 수요 충족 간에 시차가 발생한 것이다.

수요는 나날이 폭증하는데 공급은 수요를 따라가지 못하니 당연히 가격이 올랐다. 주택 가격이 연간 15% 이상이나 오르는 일이 이어졌다. 주택 불패론이 시장을 지배했다.

주택 불패론의 신화는 주택시장에 투기 세력을 만들어내면서 스스로 주택 수요를 키웠다. 가수요마저 생겨난 것이다. 더 많은 사람들이 주택을 사기 때문에 집값이 올라가는 상황을 두고 집값이 오르니 집을 사야만 투자수익을 거둘 수 있다는 순환논리가 집값을 더욱 오르게 만들었다.

대출 조건의 완화

서브프라임 대출은 2005년부터 급증한 주택시장 호황을 감당하는 데 적격이었다. 자격이 되는 주택 구입자만으로 더 이상 주택 수요를 키우지 못하게 되자 주택 융자로 몰린 돈은 새로운 수요자를 찾게 되는데 그들이 바로 '자격 미달의 대출자'인 서브프라임 고객이었다.

2004년 이전까지의 자격 심사로는 이미 광란의 경지에 들어서기 시작한 주택 대출 수요를 따라갈 수 없던 금융계는 자격 심사 기준을 낮춰 대출 대상자를 늘린다. 이것이 서브프라임 모기지 론이 폭발적으로 증가한 배경이다.

금융계는 먼저 신용점수가 너무 낮은 대출자에게 어떻게 하면 대출을 해줄 수 있을까를 연구했다. 신용점수가 낮으면 대출해줄 때 높은 금리를 받으면서 다른 대출 조건도 까다로운 것이 정상이다. 물론 신용점수가 낮더라도 현재 높은 급여를 받으며 직장 생활을 한다는 것이 증명되면 대출 조건이 완화된다. 그러나 신용점수가 낮은 사람은 대부분 대출 상환능력도 떨어지는 것이 현실이다. 그리고 상환능력이 좋은 사람들은 대부분 이미 대출을 받았기 때문에 새로운 시장 개척의 효과가 크지 않았다.

그래서 우선 착안한 것이 대출 상환능력 심사에 필요한 서류 심사 완화이다. 소득 증명을 하지 않거나 약식으로 하는 대출 상품을 만든 것이다. 서류document 자체가 필요 없는 '노 독No Doc'이나 간략화한 '로우 독Low Doc'으로 일컬어지는 상품들이 그런 예이다. 이러한 상품은 소득 증명 요건을 완화해줌으로써 소득이 대출 상환에 충분치 않아도 대출을 받을 수 있는 길을 열어주었다.

다음으로 큰 걸림돌은 '다운페이downpay'였다. 다운페이란 집을 사면서 구입자가 자기 돈을 지불하는 부분을 말한다. 50만 달러짜리 집을 사면서 20%의 다운페이를 한다고 하면 50만 달러의 20%인 10만 달러를 자기 돈으로 지불하고 나머지 40만 달러를 은행에서 대출받을 수 있다.

소득 증명을 면제해주었으나 대출자에게 다운페이가 없으면 어차피 대출을 못 받게 된다. 그래서 주택 융자 기관들은 다운페이를 면제해주는 전액 대출을 시도한다. 이제는 자기 돈이 없이 집을 살 수 있는 기반이 만들어진 것이다.

종래에는 80% 대출 한도 기준이 있었고 은행이 80% 이상의 대출을 하게 되면 대출자는 모기지 보험private mortgage insurance, PMI에 들어야 했다. 즉 대출자로 하여금 별도의 신용보증 보험을 들게 해서 80% 초과분에 대해 손실이 발생하면 보험

회사가 변제해주는 보호 장치를 가지고 있었다.

그런데 이 보험은 두 가지 면에서 제한이 있다. 첫째, 보증보험료를 내야 하기 때문에 대출자에게 추가 부담이 된다. 이 부담 때문에 대출자가 많이 줄어들 수 있다. 둘째, 보증보험 회사의 심사 기준이 까다롭다. 특히 신용점수가 낮은 사람들은 승인받기가 쉽지 않다.

이 두 가지 이유로 해서 모기지 보험은 대안이 아니었고 따라서 새롭고 창의적인 방법을 만들어냈다. 바로 '홈에퀴티 라인오브크레딧Home Equity Line of Credit, HELOC'이었다.

홈에퀴티 라인오브크레딧이란 은행이 주택 담보 대출을 해주면서 우선 기준에 맞추어서 80%까지 1차로 모기지 대출을 해주고 남은 20%에 대해서 후순위로 해줄 수 있는 2차 대출로, 한국의 마이너스 대출과 비슷하게 한도 내에서 어느 때나 빌려 쓸 수 있는 것이다. 이 2차 대출은 모기지 보험을 사야 하는 대상이 아니고 또 대출 은행이 스스로 해주는 상품이기 때문에 서류 심사를 1차와 똑같이 면제해줄 수 있었다.

서류 심사와 모기지 보험을 피하면서 전액 대출을 해줄 수 있는 제도를 갖춘 대출기관들은 이제 본격적으로 서브프라임 양산에 들어갔다. 2005년부터 2007년까지가 이러한 금융상품의 전성기라 할 수 있다.

여기서 대출 기관들이 어떻게 이러한 고위험을 받아들였는 가라는 의문이 생긴다. 대출을 전문적으로 하는 굴지의 대형 금융기관들까지 상식적으로 봐도 섶을 지고 불 속에 뛰어드는 격인 서브프라임 대출을 양산할 수 있었던 논리는 무엇이었을까?

우선 부동산 불패론의 시대적 현상에 젖어들었다고 할 수 있다. 주택 융자의 위험 분석에는 대출자와 담보라는 두 가지 축이 있다. 그런데 주택의 공급은 한계가 있는데 주택 수요는 끊임없이 늘어나고 주택 가격은 계속 오른다면 굳이 대출자의 신용이나 상환능력을 따질 필요가 없다는 논리가 힘을 얻는 것이다.

금융기관 입장에서 대출자가 대출을 갚지 않거나 부도를 내더라도 주택을 차압해서 정리하면 올라간 주택 가격으로 충분히 회수가 가능했다. 대출자 입장에서도 주택 가격이 계속 올라간다면 상환이 어려워지더라도 역시 미리 집을 팔아 대출을 갚고 조금이나마 수익, 즉 양도소득을 얻을 수 있으니 문제가 될 게 없었다.

그런데 여기에는 커다란 논리의 함정이 있다. 이는 그 당시 시대 상황에서 간과되거나 의도적으로 감추어진 부분이었다. 주택 가격이 오르는 상황에서 대출자의 자격은 문제가 안 된다는 논리는 일면 타당성이 있으나, 문제는 주택 가격이 오르는 상황이 대출 기관의 무분별한 대출에 의해 조장되었다는 사실이다.

즉, 스스로 무분별한 대출을 했기 때문에 부동산 가격이 오른 것을 가지고 부동산의 본원적인 수요가 늘었다고 착각한 것이다. 마치 어느 한 투자자가 특정 회사의 주식을 대량으로 매수해놓고 주가가 오르자 스스로 주가가 오를 주식을 잘 선택했다고 흐뭇해하는 모습과 같다. 그 주식은 내가 대량으로 매수했기 때문에 주가가 오른 것이지 그 자체로 오른 것은 아니기 때문이다.

어쨌든 이러한 논리의 모순에도 불구하고 대출 기관들은 대출자의 신용과 담보비율, 상환능력이라는 심사 기준을 완전히 포기한 채 무분별하게 양산한 대출이 만들어낸 부동산 가격 상승의 환상에 사로잡혀 담보만 보고 모기지를 양산했다.

부동산 불패론의 현실

2000년대의 부동산 가격 상승은 부채 증가로 이루어졌다. 자산가치의 상승이 소득의 증가와 함께 움직일 때는 소득 대비 자산가치의 비율이 유지가 되지만 자산가치가 소득 증가에 비해 현저히 올라갈 때는 거품의 가능성이 커진다.

2004년 6월, 미국 연방준비제도이사회는 과잉 유동성으로 인한 인플레이션을 걱정하면서 금리 인상을 단행한다. 거듭된 인상으로 2년 만에 1%였던 기준금리는 5.25%까지 올랐다. 그 이전까지는 대출자들이 초저금리와 창의적 주택 융자 방식에 힘입어 상대적으로 커진 부채를 감당할 수 있었다. 그러나 2004년 6월부터 시작된 금리 인상은 대출에 부담으로 작용하기 시작했다.

특히 능력에 비해 지나치게 고가의 주택을 대출로 사들인 서브프라임 층에서 연체가 집중적으로 발생했다. 이미 대규모의 잠재적 연체를 안고 시작된 서브프라임 대출의 부실은 다만 시간이 문제였을 뿐 언젠가는 나타날 현상이었다.

서브프라임 모기지 시장에서 일단 대규모 연체가 발생하면 이렇다 할 해법을 찾기가 어렵다. 부동산 가격이 상승해서 담보가치가 상승하는 것이 그나마 최선이었다. 그러나 연체의 증가와 함께 부동산 가격 역시 떨어지기 시작했다.

부동산 가격의 하락이 연체를 부추긴 것으로 분석되지만 반대로 연체의 증가가 부동산 가격 하락을 가져왔다는 상관관계를 간과해서는 안 된다. 자격 조건이 안 되는 서브프라임 대출로 주택 수요를 키운 결과 주택 가격이 올라갔기 때문에 서브프라임의 연체가 발생하면서 서브프라임 대출이 급격히 줄어들었고 이에 따라 주택 수요가 줄어들면서 주택 가격을 떨어뜨린 부분도 많았기 때문이다.

자세히 보면 한편에서는 금융기관이 모가지 대출을 남발하면서 주택 가격이 올랐고 다른 한편에서는 주택 가격이 올랐기 때문에 모기지를 남발하는, 서로가 서로를 부추기는 닭이 먼저냐 달걀이 먼저냐 하는 상황이 발생했던 것이다.

그렇다면 미국시장의 부동산 시장의 가격 상승은 부동산 불패론을 믿고 들어간 투기 세력에 의해 이루어진 결과이지 독립적으로 부동산이 계속 오를 수 있는 근본이 없었다는 말이다. 대출로 상승한 주택 가격은 사상누각일 뿐이었다.

왜 모기지 관련 채권에 열광했나?

주택 수요와 이에 따른 모기지 수요의 증가가 있다 하더라도 이 수요를 뒷받침해주는 공급이 있어야 모기지 대출이 성립한다. 일차적으로 이 모기지의 공급은 나스닥 거품 붕괴와 9·11 사태를 걱정한 연방준비제도이사회의 저금리 정책과 이에 따른 유동성 증가에서 시작되었다고 이미 설명한 바 있다.

이차적인 공급 측 요인으로는 이 기본 유동성 증가를 더욱 가속화시킨 모기지유동화채권MBS과 이를 다시 파생상품화한 부채담보부채권collateralized debt obligation, CDO을 들 수 있다.

MBS는 여러 모기지를 모아 하나의 채권으로 만들어 투자시장에 판매하는 방식이다. 앞서도 설명한 바와 같이, 10만 달러짜리 모기지가 100건이 있다고 할 때 이들 100건을 하나로 모으면 1,000만 달러의 채권이 된다.

신용평가회사는 100건의 모기지를 대출해간 대출자와 여기에 담보로 제공된 주택의 가격 등을 분석해 하나로 모은 1,000만 달러짜리 채권에 대해 신용등급을 매겨준다. 대출자의 집합 신용등급이 높을수록, 담보 대비 대출비율이 낮을수록 부도의 위험이 낮아져 신용등급이 높다.

이렇게 신용등급이 정해진 MBS는 투자은행을 통해 채권시장에서 일반 투자자들에게 판매된다. 헤지펀드나 퇴직연기금 등 기관 투자자들도 이 채권을 살 수 있고 개인 투자자들도 살 수 있다.

이렇게 채권화가 되면 모기지 상품으로 대출해준 은행은 대출을 하고 나서 모기지를 채권화하는 금융기관에 팔게 되고 그 대가로 모기지에 해당하는 돈을 결제 받게 된다. 이 과정을 유동화라고 부르는데 모기지를 팔아서 자금을 받기 때문에 현금 유동성이 다시 생긴다는 의미에서 붙여진 개념이다.

이 유동화는 모기지 은행들이 계속해서 모기지를 생산할 수 있는 기반이 되는데 이러한 구조는 유동화를 했을 때 계속해서 모기지유동화채권을 사주는 측이 있어야 유지된다.

모기지유동화채권 시장은 누군가 자금을 계속 가지고 있어야 돌아간다. 서브프라임 사태에서 이 유동화채권을 구입하는 데 가장 큰 역할을 한 측은 중국처럼 미국과 무역을 하여 달러를 벌어들인 무역 흑자국들이다.

미국과의 무역 흑자로 달러가 많이 쌓인 국가들은 그 돈으로 다시 재투자를 해야 했다. 그런데 그 주요 투자 대상이 미국의 모기지 관련 채권이었다. 미국에서 벌어들인 돈으로 다시 미국에 투자해주는 현상이 발생한 것이다.

미국은 부동산 성장에 힘입어 경기가 회복되었으나 경기 회복에 따른 생산의 증대는 앞에서 본 바와 같이 제한적이었다. 따라서 경기 회복으로 늘어난 소비 수요는 중국 등 신흥 개발국으로부터의 수입을 통해서 충족한다. 이러한 생산 부족과 소비 증대로 인해 미국의 만성적인 무역 적자는 해마다 커져갔다. 반대로 중국 등 수출 국가들은 달러 보유고가 늘면서 모기지유동화채권의 주 구매국이 되어 모기지 시장의 확대 재생산을 도왔다.

이상의 과정은 아직 서브프라임 사태가 대규모로 발생하기 이전의 과정이다. 서브프라임 위기에는 또 다른 요인이 작용했다. 신용이 좋은 모기지를 가지고 채권화하는 시장은 2004년을 넘어서면서 점점 그 규모가 줄어 채권시장의 수요를 따라가지 못하는 단계에 이른다. 모기지유동화채권의 공급도 줄어들었지만 초저금리와 저인플레이션이라는 경제 환경은 우량 모기지 채권의 수익률도 낮게 만들었다.

장기로 투자하는 대표적 기관 투자자인 퇴직연기금들은 지속되는 저인플레이션과 저금리의 환경 때문에 수익률이 점점 낮아졌다. 이들 퇴직연기금들은 투자의 안전성이 중요해 최우량 채권에 투자를 집중해왔는데 인플레이션이 잘 통제되는 기간이 길어지자 투자수익률에 문제가 생긴 것이다.

거기에 2차 대전 후 나타난 '베이비부머' 세대의 은퇴가 점점 가까워지자 연금 지급 부담이 커지면서 서서히 기금 부족이 예고되기 시작했다. 그동안의 낮은 이자율을 고려하여 추산해보니 베이비부머 세대에 지급해야 할 기금이 부족할 것으로 예측된 것이다.

이런 분위기에서 모기지 시장의 서브프라임 채권은 이 두 가지 문제를 동시에 해결하는 구세주였다. 우량 모기지의 감소와 고수익 채권 부족이라는 두 가지 문제가 서브프라임 모기지를 '창의적'으로 활용하면서 환상적으로 해결된 것이다.

부동산 불패론이 시장에 팽배해지면서 그동안 부동산 대출에 자격이 안 되는 거대한 계층이 모기지 시장으로 대거 유입되었던 사실은 이미 설명한 바 있다. 모기지 채권을 구입하는 기관 입장에서도 서브프라임 모기지는 또 하나의 의미를 갖는다.

서브프라임 모기지는 낮은 신용점수와 소득·확인 면제 등을 이유로 높은 이자율을 받는다. 따라서 이 서브프라임 모기지 채권을 모아서 만든 유동화채권도 우량 유동화채권에 비해 높은 수익률을 갖게 되었다. 높은 수익률의 투자 대상이 필요로 했던 퇴직연기금에 좋은 해결책이 주어진 것이다.

그러나 문제가 완전히 해결된 것은 아니다. 퇴직연기금은 신용등급이 낮은 채권을 구입하지 않는다. 그런데 서브프라임을 가지고 만든 모기지유동화채권은 신용등급이 부적격 판정을 받을 가능성이 많다. 아니 부적격 판정을 받는 것이 당연하다. 이렇게 되면 아무리 수익률이 좋아도 신용 부적격 등급으로 인해 기금 등에서 투자하기가 어렵다.

여기에 신용평가기관의 도움이 등장한다. 모기지유동화채권의 신용등급을 심사하는 세계적 신용평가기관인 S&P나 무디스, 피치 같은 기관에서 서브프라임 MBS에 대해 우량 등급 판정을 해준 것이다.

논리는 다시 부동산 불패론이었다. 비록 개별 모기지는 대출자의 신용점수가 낮고 소득 확인 등의 절차가 없어 위험도가 높다 하더라도 부동산 가격이 오르는 한 연체의 가능성이 낮고, 설사 연체가 발생하더라도 차압 후 매각으로 원리금 회수가 가능해 손실도가 높지 않을 것이라는 논리였다.

여기에 채권에 속해 있는 모기지의 분산화diversification 논리가 더해졌다. 유동화채권에 모아놓은 부동산 모기지의 숫자가 수백 개에 이르니 대출자가 분산돼 있고 지역적으로도 나뉘어 있어 어느 특정 지역에 문제가 발생해서 잘못된다 하더라도 그 파장이 작을 것이라는 논리였다. 이 두 가지 논리로 인해 서브프라임 MBS는 졸지에 우량 등급의 채권으로 탈바꿈했다.

이렇게 서브프라임 MBS는 신용등급의 한계를 부동산 불패론과 분산화 논리로 극복하면서 고수익의 우량 자산이 되어 퇴직연금 등 수익률 유지 때문에 고민하던 투자기관들에게 매력적 구원자로 각광 받게 된다.

이처럼 미국 연방은행의 유동성 공급, 무역적자에 따른 해외 달러 유동성 증가, 고수익을 원하던 장기투자 기금의 니즈 등이 맞물리면서 미국 모기지 시장은 우량 모기지, 서브프라임 모기지에 상관없이 무한대의 공급원을 갖게 된 것이다.

부동산 호황의 허상

03

언더워터 비율의 증가

서브프라임 사태의 돌풍은 2007년 8월 세계 최대 금융회사인 시티그룹의 유동성 위기 사태로 그 위력을 보이기 시작한다. 2006년을 정점으로 부동산 가격이 내려가기 시작했으나 본격적인 하락은 바로 이 금융권의 위기에서부터 시작되었다.

금융 위기가 대대적으로 확산되고 나서 1년이 지난 2008년 9월의 수치를 살펴보면 우선 대부분의 지역에서 주택 가격이 2003년과 2004년 수준으로 떨어졌다. 조사기관인 퍼스트아메리칸 코어로직 사에 따르면 주택 침체가 심각한 주요 도시 중 샌디에이고와 보스턴은 2003년 수준으로, 로스앤젤레스, 샌프란시스코, 라스베이거스, 포트로더데일, 미니애폴리스 등은 2004년 수준으로 주택 가격이 회귀했다.

무디스에 따르면 2008년 후반기에 이르러 미국의 7,500만 주택 소유자 중 16%에 해당하는 1,200만 가구가 주택 담보대출 금액이 주택 가격을 넘어섰다. 부동산 가격 제공업체인 질로우닷컴에 따르면 지난 5년 동안 주택을 구입한 경우만 따로 조사했을 때 대출 금액이 주택 가격보다 큰 비율은 무려 29%에 달한다.

이렇게 주택 가격이 대출 금액을 밑도는 경우를 영어로는 언더워터Under Water, 즉 물에 빠졌다는 표현을 쓰는데, 2008년의 16%는 2007년의 6%, 2006년의 4%에 비하면 심각하게 높은 편이다.

이렇게 언더워터 비율이 높아진다는 것은 주택 차압 가능성이 높아진다는 것을 의미한다. 주택 가격이 대출금보다 크면 이자율이 떨어질 때 재융자를 해 월부금을 낮출 수도 있고 월부금의 부담이 견디기 힘들면 팔 수도 있지만, 언더워터가 되면 이도저도 가능치 않아 집을 포기하는 수밖에 없다. 바로 차압을 당한다는 말이다.

이렇게 꺼져버린 주택시장의 호황은 가격이 상승하던 때부터 이미 문제를 안고 있었다. 거품의 기간에 주택 가격이 오른 것은 건강한 상승 요인인 실수요와 주택소유능력의 증가에 의하지 않고 주택 대출 심사 기준을 완화한 결과에 의한 것이었기 때문이다.

대출 자격 심사의 완화

주택 가격의 인상 요인으로는 인구 증가와 소득 증가라는 근본적인 요인과, 거시경제 여건과 대출 조건이라는 간접적인 요인이 있다. 인구가 늘면 절대적 주택 수요가 늘어나고 소득이 늘면 이전까지 주택 구입을 못하던 계층이 주택을 구입하면서 주택 수요를 끌어올린다.

거시경제 여건은 크게 이자율과 세금을 말한다. 이자율이 내려가면 주택 융자에 대한 부담이 줄어 주택 수요가 늘어난다. 반면에 이자율이 올라가면 부담이 늘면서 주택 수요가 줄어든다.

세금의 경우, 주택을 보유함으로써 발생하는 보유 재산세와, 주택을 소유하다 구입한 가격보다 높은 가격으로 팔았을 때 발생하는 양도소득세가 주택 수요에 영향을 미친다. 일반적으로 세금이 올라가면 올라갈수록 주택 수요가 감소하고 세금이 줄어들면 수요는 늘어난다.

대출 조건은 은행이 부동산 구입 가격 대비 몇 퍼센트까지 대출하는가 하는 대출비율과 대출 자격 심사 기준이 대표적인 요소다.

대출비율이 오르면 주택 수요는 늘어난다. 대출비율이 오른다는 말은 대출을 많이 받을 수 있어서 가진 돈이 많지 않더라도 주택을 살 수 있다는 말이다. 대출비율이 50%일 때는 10만 달러짜리 집을 사려면 5만 달러의 자기 돈이 있어야 하는데 반해 대출비율이 80%로 올라가면 자기 돈의 비율은 20%로 줄어 2만 달러만 있어도 대출을 받아 집을 살 수 있다.

대출 자격 심사는 크게 대출자의 신용도와 대출 상환능력으로 나뉜다. 신용도는 대출자의 과거 기록을 보고 결정한다. 과거에 돈을 빌려서 잘 갚은 기록이 많을수록 점수가 좋아지고 반면에 월부금을 늦게 냈거나 아예 돈을 갚지 않았거나 하는 식의 나쁜 기록이 많으면 점수가 나빠진다.

신용점수의 또 다른 변수는 기록이 없는 사회 초년병에 대한 처리이다. 미국 사회는 학교를 마치고 사회에 첫발을 내딛는 경우 그 이전에 신용으로 돈을 빌려본 기록이 거의 없기 때문에 신용을 평가할 기반이 없다. 이러한 신용 기록의 부족 또한 신용점수를 낮게 한다.

그런데 사회에 처음 진출한 경우와 함께 이민을 온 사람들도 신용기록이 없다. 이민 개방 정책을 오랜 기간 펼쳐 이민자가 많은 미국이기 때문에 이민 오기 전 모국에서 사회생활의 기반을 탄탄히 다졌던 사람들도 미국 생활을 시작하면서는 신용기록이 없어 불리한 위치에 설 수 있다.

대출 자격 심사의 두 번째 축인 대출 상환능력은 자신의 소득 대비 대출금이 차지하는 비율로 측정한다. 연간 10만 달러를 버는 사람이 주택 융자를 해서 1년간 상환할 원리금으로 3만 달러를 내야 한다면 이 대출자의 상환 부담은 30%가 되는 식이다.

앞서 설명한 바와 같이, 상환 부담 비율을 소득 대비 대출 비율debt to income ratio, DTI이라고 부른다. 이 DTI 기준이 낮아질수록 대출 기준이 높고 높아질수록 대출 기준이 낮다고 한다. 왜냐하면 소득 대비 대출의 비율이 낮다는 말은 같은 소득일 때 더 적은 금액만 대출을 해준다는 의미이며 다른 한편으로는 같은 대출금일 때 더 많은 소득을 요구한다는 뜻이기 때문에 자격 기준이 그만큼 더 높다고 할 수 있다.

이 소득 대비 대출 비율을 거시적으로 확대한 개념으로 주택소유능력지수affordability index가 있다. 이 지수는 여러 개념이 있지만 가장 통용되는 개념은 미국부동산협회National Association of Realtors, NAR의 개념이다.

NAR의 주택소유능력지수는 그 지역의 중간치의 주택 가격을 측정하고 이 중간가의 주택을 구입하는 가장 전형적인 대출 기준을 산정한다. 이렇게 계산된 한 달 원리금과, 실제 그 지역 주민의 소득을 기준으로 할 때 모기지에 할당할 수 있는 금액을 비교해 계산한다.

예를 들어 어느 특정 지역의 한 가구 한 달 수입이 4,000달러라고 하고, 그 지역 대출기관들의 대출 기준이 주택 융자 상환금은 소득의 28%를 초과할 수 없다고 가정하면 그 지역 주민은 한 달에 4,000달러의 28%인 1,120달러의 주택 대출 상환능력이 있다고 계산된다.

다음에 그 지역의 중간가 주택이 12만 5,000달러이고 전형적 대출비율이 80%라고 하면 그 지역의 주택 담보 대출액은 {$125,000 × 80%}가 돼 10만 달러가 된다. 10만 달러의 대출을 30년 분할 상환에 연 6%의 이자율로 계산하면 이 대출자는 한 달에 599.55달러씩 상환하면 된다.

이 두 숫자가 나온 후 평균 대출 상환능력을 상환 금액으로 나누면 바로 주택소유능력지수가 계산된다. 이 경우 대출 상환

능력인 1,120달러를 주택 상환금인 599.55달러로 나누면 1.868이라는 값이 나오는데 이 숫자가 주택소유능력지수이다. 실제 NAR는 퍼센트로 계산하기 때문에 1.868에 100을 곱해 186.8을 사용한다.

소유능력지수는 100%를 기준으로 삼는다. 100%가 되면 그 지역의 중간 가격의 주택을 그 지역의 중간 수입을 갖고 있는 가족이 구입하는 데 남지도 않고 부족하지도 않다는 뜻이 된다.

따라서 통상적으로 소유능력지수가 높게 나올수록, 즉 100보다 더 높으면 높을수록 그 지역의 주택 가격은 그 지역주민들의 소득 수준보다 낮다는 말이다. 이 말은 주택 융자 상환에 별로 부담을 느끼지 않는다는 뜻도 된다.

반대로 소유능력지수가 100보다 낮으면 그 지역의 주택 가격은 그 지역의 소득 수준보다 높아 주택 융자 상환에 부담을 느끼고 있다는 뜻이 된다.

이 지수를 적용해서 주택 가격 상승 요인을 판단해본다면, 지수가 높을수록 앞으로 주택 가격이 오를 가능성이 크고 지수가 낮을수록 주택 가격이 내릴 가능성이 크다. 지수가 높다는 말은 소득에 비해 주택 가격이 낮다는 말이므로 앞으로 더 비싼 집을 살 수 있는 능력 있는 가구가 많다는 뜻이기 때문이다.

또한 이 지수가 높으면 현재 전체적인 주택 가격은 저평가되어 있다는 뜻이고 낮으면 고평가되어 있다는 뜻이기도 하다.

소유능력지수를 올리는 요소는 소득의 증대이다. 반대로 소득 증대 없이 주택 가격이 오르면 소유능력지수는 떨어지는데 이런 상황이 주로 주택 투기가 일어나고 있을 가능성이 높은 경우다.

악순환의 위험

이자율 인하와 대출 기준 완화가 불러온 주택시장의 현실을 살펴보자. 2004년 전까지 연간 약 500만 채씩 거래되던 기존 주택은 2006년 하반기 최고점에 이를 때는 약 750만 채까지 거래되다 2008년 다시 500만 채 이하로 떨어진다.

신규 주택 건설은 더 심각한 양상이다. 2006년 초 약 240만 채씩 신규 주택이 매매되었으나 2008년 하반기에는 50만 채 이하로 떨어진다.

이러한 주택 매매의 저하와 신규 주택 건설의 감소는 바로 주택 가격 인하로 연결되었다. 지역에 따라 차이가 있지만 대부분의 대도시 지역 주택 가격은 2004년과 2003년 수준으로 떨어졌다.

주택 가격의 폭등과 하락은 주택소유능력지수의 변화에서
도 읽을 수 있다. 서브프라임 사태가 발생하기 전인 2003년 2
월에는 지수가 140에 가까웠다가 주택 가격 거품이 절정에 이
르던 2006년 8월경에는 100까지 떨어진다. 그러다 주택 가격
이 폭락하기 시작한 지 2년이 지난 2008년 9월에는 다시 2003
년 초의 수준인 140에 근접해간다.

주택소유능력지수의 변화를 보면 지난 2003년부터 2006년
까지의 주택 가격 상승이 거품이라는 사실은 더욱 분명해진다.

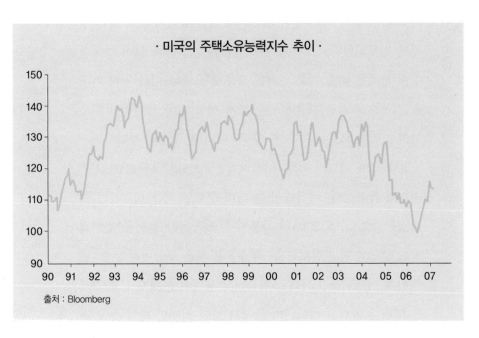

· 미국의 주택소유능력지수 추이 ·

출처 : Bloomberg

주택 가격 상승이 근본적 요인인 소득 상승과 인구 증가에 의해 일어났다면 위와 같은 주택소유능력지수의 부침이 있지 않았을 것이다.

여기에 더하여 미국의 소비와 저축 추이에 주목할 필요가 있다. 2003년부터 2006년 간 미국의 소비는 3%대 이상의 성장을 보이는데, 같은 기간 저축률은 거의 마이너스였다. 결국 이 기간 동안 소비의 증대를 뒷받침한 것은 부채였다는 해석이 가능하다. 즉, 빚을 내 소비를 했다는 말이다.

이 기간 동안 소비에 사용된 돈의 상당 부분은 다름 아닌 주택 가격 상승에 따른 융자 혹은 재융자를 통하여 손에 넣은 빚에서 비롯되었다. 소득 증가라는 근본적인 동력 없이 상승한 주택 가격은 대출 기준 완화를 유도했을 뿐 아니라 주택 가격을 기준으로 하는 대출을 증가하게 했고 미국 국민들이 빚을 늘려 소비를 하도록 하는 제 살 깎아먹기를 조장한 것이다.

2008년에 이르러 이제 주택 가격은 2003년 내지 2004년 수준으로 돌아섰다. 여기에 소득 대비 주택 가격을 비교하는 주택소유능력지수도 2003년 이전 수준으로 올라갔다. 주택 거래량도 신규 주택 건설도 모두 제 수준을 찾은 모습이다.

이제 서브프라임 사태로 얼룩진 금융계의 문제가 실물 경제를 얼마나 어렵게 하느냐의 문제가 남아 있지만 만약 실물 경제가 현재의 수준에서 버텨준다는 가정을 한다면 주택 시장은 어느 정도 바닥 다지기가 이루어지고 있다고 할 수 있다. 그러나 서브프라임의 문제가 금융권의 문제에 머무르지 않고 실업 증가와 소비 감소로 심각하게 연결될 경우 이제는 다시 제2의 파동을 각오하지 않을 수 없다.

더 나아가 주택 시장의 침체는 그동안 주택 가격 상승에 힘입어 소비를 키우던 미국 경제의 소비를 급격히 떨어뜨릴 수 있는 잠재적 위험을 안고 있어 주택 가격 하락을 더욱 부추기는 악순환이 일어날 수도 있다.

단 몇 년간의 꿈으로 끝나버린 주택시장 불패론의 환상은 서브프라임의 몰락과 이에 따른 금융권의 파국만 가져오는 데에서 끝나지 않고 실물 경제마저 흔드는 상황까지 이어지고 있다. 그만큼 거품의 후유증은 무서운 것이라는 사실을 현 미국 경제에서 체험하고 있다.

미국의
모기지 시장

04

건국 후 초기 75년간의 모기지 시장

미국은 혁명전쟁을 마치고 나자 활발한 서부 개척의 역사가 시작되었다. 서부 개척이 맨손으로 이루어진 것은 아니었다. 서부 개척에 소요된 자금은 유럽에서 자금을 차입해온 토지개발은행들의 대출에 많이 의존했다. 그러나 그 당시 토지 거래는 투기 성향이 높았다. 그러다 보니 이들 대출을 주관한 초기 토지개발은행들은 거의 다 파산하고 말았다.

건국 후 약 75년 동안은 인구의 대부분이 소규모 농장에 집중돼 있었다. 따라서 농지를 구입하거나 종자를 구입하는 데 필요한 대출을 제외하고는 이렇다 할 부동산 융자가 없었다. 1920년대에 이르기까지 부동산 대출은 융자 전문기관이나 은행보다는 개인 차원의 사금융이 주를 이루었다.

1816년, 첫 번째 상호저축은행인 필라델피아 저축기금회 Philadelphia Savings Fund Society가 생기면서 조직적인 부동산 융자가 태동하기 시작했다. 옥스퍼드 프로비던트 건물협회Oxford Provident Building Association가 탄생한 1831년에 이르러 비로소 모기지 융자의 틀이 갖추어지면서 뒤이어 유수의 건물협회가 설립된다.

이러한 협회들이 모기지 융자를 촉진하기는 했지만 남북전쟁이 일어나기 전까지는 모기지 융자가 미국 경제 전체에 큰 의미를 갖지 못한 상태였다. 그때까지 미국의 주요 경제 단위가 농장에 머물러 있었기 때문이었다.

남북전쟁이 끝나고 다시 서부 개척이 활발해지면서 중서부 지역을 중심으로 모기지 융자가 활발해졌다. 이때 생겨난 모기지 회사들은 농장 구입 자금을 지원하는 방식의 모기지를 키워나갔다.

이들은 일단 중서부 지역의 농장에 대해 40% 정도의 대출을 해주고 나서 이들 모기지 채권을 동부에 있는 부유층과 생명보험사에 되팔면서 규모를 키워나갔다. 그 결과 1900년대 초에 이르러 이들의 모기지 융자는 40억 달러에 달했다.

20세기 초의 열풍, 그리고 대공황

19세기 말은 유럽에서 미국으로 향하는 이민이 늘어나면서 점차 도시로 인구가 집중되고 도시가 확대되는 시점이다. 이러한 인구의 이동과 도시의 확대는 그동안 농장에 집중되었던 모기지 융자의 대상이 개인 주택으로 바뀌는 계기가 된다.

개인 주택에 대한 모기지 융자는 주택 구입 가격의 50%까지였고 기간은 3년에서 5년이었다. 그러나 상환 방식은 아직 장기 분할 방식 개념이 도입되지 않고 만기에 다시 연장하는 방식으로 운용되었다.

1920년대, 미국에서는 주식 투자 열풍이 불었다. 주가가 10년간 300% 넘게 오를 정도였다. 이러한 열풍은 비이성적 낙관론을 가져왔고 주택시장에서도 매년 25~50%씩 주택 가격이 상승한다는 부동산 불패론의 열기를 불러일으켰다. 융자 기관들은 대출 기준을 완화했고 주택 가격 상승이 부실 대출의 문제를 다 해결해줄 것이라는 잘못된 믿음이 시장을 지배한다.

그러나 부동산 불패론을 위시한 비이성적 낙관론은 대공황으로 끝이 나고, 수많은 개인들의 재산은 물거품처럼 사라지고 만다.

대공황은 거의 대부분의 산업과 주식시장뿐만 아니라 부동산시장에도 심각한 타격을 주었다. 부동산시장은 전체적으로 자산가치가 50% 가까이 하락했다. 불황으로 인해 실업률이 올라가고 개인소득이 급격히 감소한데다 주식시장의 폭락으로 유동자산마저 휴지조각이 되면서 주택 융자 상환능력이 대폭 축소되었다.

이 당시 주택 융자 시장의 문제점을 돌아보면, 융자 기준의 완화로 무분별한 대출이 이루어진데다 대출 구조상 분할 상환을 하지 않고 이자만 내는 방식이다 보니 상환능력에 문제가 생기는지 여부를 조기에 파악하기 어려웠다. 또 융자 기간이 짧다 보니 만기 연장이 안 될 경우 한꺼번에 원금을 상환해야 하는 부담이 컸고, 상환 불능에 빠지는 경우가 급증했다는 점 등이 지적되었다.

대공황 탈출을 위한 부동산 대책

방만한 투기의 시대가 대공황으로 파국을 맞자 전 세계는 경제뿐 아니라 정치 사회적으로도 큰 혼란에 빠지는 등 자본주의가 본격적으로 도입된 이후 최대의 위기에 처하게 되었다. 따라서 대공황을 극복하는 문제는 경제 분야에 국한되지 않고 전방위적인 구제와 개혁이라는 국가적 차원의 노력으로 발전했다.

주택시장의 문제가 특히 대공황 극복의 중심에 서게 된다. 이는 주택 문제가 거의 대부분의 국민들에게 해당하는 문제이고, 금융이라는 경제 중심의 활력소가 제 기능을 회복하지 못하면 경제의 회복은 불가능하다는 인식 때문이었다.

이렇게 해서 부동산시장은 여러 구제 조치와 개혁을 하게 되는 계기를 맞이했다. 우선 1932년 부흥자금지원법 Reconstruction Finance Act을 제정해 상업은행에 유동성을 공급함으로써 부동산 대출의 재원을 지원한다. 이는 이번 서브프라임 사태 후 나타난 금융 위기 극복을 위한 구제금융 법안과 비슷한 성격이다.

이와 함께 같은 해인 1932년 연방주택대부은행Federal Home Loan Bank을 설립해 민간 주택 융자 기관들에 주택 융자를 위한 유동성을 중앙 관리 방식으로 공급하기 시작했고, 1933년에는 주택소유자대부공사Home Owners Loan Corporation를 창설해 저축대부savings & loan의 허가를 관장하게 하면서 차압 위기에 몰린 주택 소유자들의 주택 대출을 재융자하거나 구제해주었다.

이런 일련의 주택 융자 안정화 정책을 통해 주택시장 회복을 시도하는 가운데 1934년 국가주택법Federal Housing Act을 제정해 연방주택국Federal Housing Administration과 연방저축대부보험공사Federal Savings & Loan Insurance Corporation를 창설한 조치는 가장 근본적이고 장기적인 방식으로 주택 융자 시장 안정화에 기여한 것으로 평가되고 있다.

연방저축대부보험공사는 연방예금보험공사Federal Deposit Insurance Corporation와 함께 금융기관에 예탁한 예금주의 재산을 보호해줌으로써 은행과 저축대부조합이 대출을 해주기 위해 필요한 자금 수신력을 복원시켜줘 모기지 대출이 늘어날 수 있게 했다.

연방주택국은 진정한 의미의 전국 모기지 시장의 모태를 만들었고 장기 모기지와 분할 상환 모기지 등 창의적 모기지가 도입되는 환경을 제공해주었을 뿐만 아니라 모기지의 표준화와 지불 보증으로 생명보험사의 모기지 시장 참여를 촉진했고 그에 따라 모기지 시장이 확대되는 데에도 절대적 기여를 했다.

1938년에는 이번 서브프라임 사태의 최대 희생자의 하나인 연방전국모기지협회Federal National Mortgage Association, FNMA를 만들어 모기지 시장의 도매시장이라고 하는 세컨더리 마켓을 형성해줌으로써 모기지 시장을 활성화시켰다.

2차 대전과 경제 부흥

대공황으로 인해 식을 대로 식어버린 주택시장 탓에 2차 대전이 끝날 때까지 주택 건설 시장은 바닥을 헤맸다. 그러다가 2차 대전이 끝나고 5백만 명에 달하는 군인과 군속들이 귀향하면서 주택에 대한 폭발적 수요가 생겨났다.

우선 귀향 군인의 주택 구입을 쉽게 해주기 위해 전쟁봉사자재활법Servicemen's Readjustment Act이 1944년에 제정된다. 이 법은 귀향 군인들이 주택을 구입할 때 자기 투자분인 다운페이먼트Downpayment를 면제해주고 상대적으로 저렴한 이자율을 제공해줘 주택 수요를 뒷받침했다.

그리고 대출 자금이 확보되어야 늘어나는 주택 수요자에게 대출을 해줄 수 있는데 이 부분은 전쟁 후 자연스럽게 늘어난 금융기관의 유동성이 해결해주었다. 미국 정부는 전쟁 비용을 충당하고자 전쟁 중에 연방채권을 발행했는데 이 채권을 금융기관에서 대부분 사들여 전쟁이 끝날 즈음에는 금융기관의 연방채권 보유 비율이 50% 이상까지 늘어났다. 종전이 되자 더 이상 연방채권을 보유할 필요가 없어진 금융기관들은 이들 채권을 매각했고 이 매각 대금으로 인해 대출에 사용할 수 있는 유동성이 급격히 증가했다.

이렇게 미국으로 돌아온 전쟁 참가자들로 인해 주택 수요가 늘고 금융기관의 유동성 팽창으로 자금 공급이 늘면서 미국 주택시장과 건설업은 다시 부흥기를 되찾는다.

이러한 근본적 수요와 공급의 성장 외에도 대공황기에 만들어진 연방주택협회와 전쟁 후 귀향 군인을 위해 제정된 재향군인협회Veteran's Association에 의해 모기지 시장이 성장할 수 있는 기반이 생긴 것도 주택시장 부흥에 큰 기여를 했다.

우선 이들 두 정부 프로그램에 의해 주택과 대출자에 대한 기본적 심사의 표준화가 가능해져서 모기지의 유동화가 용이해졌다. 또한 모기지의 연체에 대비한 보험 상품이 나와서 투자자의 위험이 감소되는 장치도 생겼다. 여기에 장기 분할 상환 제도와 높은 담보 대비 대출비율 인정으로 대출 자격을 확대해준 점도 주택시장 부활에 중요한 역할을 했다.

대공황기에 몰락했던 사설 모기지 보험사의 부활 또한 주택

시장 발전에서 빼놓을 수 없는 부분이다. 모기지 보험사는 연방주택협회, 재향군인협회 등의 정부 프로그램과 함께 모기지 대출에 부실이 발생했을 때 대출기관의 손실을 보상해주는 보험을 제공했다.

모기지 보험사는 그 이전부터 활동을 했었는데 대공황기에 워낙 주택 대출의 부실이 많고 주택 가격의 하락 폭이 크다 보니 모기지 대출의 손실을 막아주다 결국 수많은 모기지 보험사가 문을 닫게 되었다. 그러다 종전 후 주택시장이 부활하고 여러 안전장치가 늘어나자 다시 모기지 보험사가 활동할 수 있는 기반이 마련되면서 모기지 보험사 또한 모기지 시장이 커지는 데 한몫을 담당하게 된다.

2차 대전 이후 부흥한 주택시장과 주택 융자 시장은 1955년경에 이르자 성숙기에 접어들면서 성장이 둔화된다. 주택시장의 성숙기 돌입으로 주택 융자 시장이 줄어드는 데 반해 도심 외곽을 중심으로 상업용 부동산 시장이 커지면서 자연스럽게 금융계는 주택에서 상업용 부동산으로 이동했다.

1955년까지 생명보험사의 대출은 거의 100%가 주택 융자였는데 이 비율이 1955년 이후 점차 떨어지더니 1970년에 이르자 생명보험사의 주택 융자 비율은 완전히 없어진다.

이 과정에서 주택 융자 시장은 그렇게 주목을 받지 못하고 상업용 부동산 시장만 각광을 받았다. 그러나 1970년대에 들어 상업용 부동산 시장이 몰락한다. 주택 융자 시장은 이런 과정을 거치고 난 후 1980년대 들어서야 의미 있는 내적 발전을 하기 시작한다.

모기지 시장의 질적 변화

상업용 부동산이 몰락하고 1980년대에 들어 다시 새로운 시장을 찾아야 했던 금융계는 주택시장으로 돌아선다. 이 분위기에 힘입어 주택 모기지 대출의 세컨더리 마켓이 다시 성장하기 시작한다.

세컨더리 마켓이란 확실하게 정의하기가 모호한 면이 있지만 금융계에서 보통 가장 많이 인정하는 정의는 이미 대출된 모기지를 사고파는 시장이라는 뜻이다. 세컨더리 마켓은 프라이머리 마켓에 상대되는 개념인데 프라이머리 마켓은 모기지 대출을 처음 해주는 시장을 말한다.

어떤 모기기 융자회사가 주택 구입자에게 모기지 대출을 하면 이는 프라이머리 마켓이 되고, 이렇게 생긴 모기지 채권을 모기지 융자회사가 다른 금융기관에 팔고 또 다른 금융기관이

사는 거래를 세컨더리 마켓이라고 부른다.

모기지 융자회사의 자금만으로 대출을 하는 프라이머리 마켓만 있다고 하면 전체적으로 모기지 대출의 총 규모는 모기지 융자회사의 자금으로 제한된다. 그런데 이 모기지 융자회사들이 모기지 대출을 한 후 세컨더리 마켓에 팔면 다시 자금이 모기지 융자회사로 들어와 또 융자를 할 수 있다.

이렇게 모기지 융자회사가 모기지 대출을 하고 나서 이 모기지를 팔아 자금을 다시 만들면 전체 모기지 시장의 가용 자금은 모기지 융자회사 자금에 머물지 않고 세컨더리 마켓에 참여한 금융기관의 자금으로까지 확대된다.

바로 이 자금 공급 확대 기능이 세컨더리 마켓의 가장 중요한 경제 기능이다. 현실에서 보면 모기지 융자회사는 주택을 구입하려는 고객에게 직접 대출을 해주는 저축대부조합 같은 기관이고, 이들에게서 모기지를 사는 기관으로는 보험사, 연기금, 헤지펀드, 상업은행 등이 있다.

이 세컨더리 마켓이 성행하려면 무엇보다도 모기지 대출을 처음 만드는 대출 기관에서 표준화가 이루어져야 한다. 세컨더리 마켓에서 모기지를 사들이는 기관들은 주택 융자를 받은 사람이나 주택 자체에 대해 일일이 조사를 할 수 없기 때문에 모기지가 표준화 되지 않으면 살 수 없다.

1980년대 이후 모기지 시장에서는 바로 이 표준화가 발전하고 그에 따라 세컨더리 마켓이 커지면서 서서히 주택 융자 시장의 효율성이 올라가기 시작한다.

이 때 질적 성장을 하는 부분이 수십 수백 개의 모기지를 묶어서 세컨더리 마켓에 파는 증권화securitization이다. 이 증권화의 성장에 필수인 표준화는 연방기구인 연방주택협회와 재향군인협회, 그리고 연방전국모기지협회에서 모기지의 기준을 세워주고 관리함으로써 공적 신뢰를 쌓여가면서 가능해졌다.

서브프라임 시대의 예고

이렇게 1980년대부터 표준화를 통해 모기지 대출의 증권화가 가능해지면서 미국의 모기지 시장에서 모기지유동화채권은 주요 금융상품으로 자리 잡는다.

1990년대는 정보통신산업의 획기적 발전과 함께 주식시장 주도의 팽창기를 맞는다. 그런 과정에서 전 세계적으로 돈이 늘어나고 이 늘어나는 속도가 너무 빨라지면서 투기의 양상을 띠기 시작한다. 이 투기는 1차적으로 정보통신산업 중심의 나스닥 시장에 집중된다.

그러다 2000년 4월부터 나스닥 거품이 꺼지고 미국은 경기 침체의 위기를 맞는다. 연방준비제도이사회는 미국의 경기를 살리고자 2001년부터 이자율을 급격하게 내리면서 시중에 돈을 공급한다.

2001년 가벼운 침체를 겪고 난 미국 경제는 그 이후 서서히 회복을 하지만, 아직 침체를 확실히 벗어났다고 안심하지 못한 미 연준은 초저금리를 2004년까지 유지해 유동성 팽창을 방치한다.

이와 동시에 중국을 위시한 신흥 경제 성장 국가들의 산업화가 가속화하면서 대미 수출이 계속 늘어나 미국의 무역 적자는 날로 커져만 갔다. 그런데 달러는 무역 흑자를 낸 중국 같은 국가로 흘러들어가 신흥 경제 성장국들의 달러 보유액은 나날이 늘어만 가게 된다.

달러를 많이 보유하게 된 신흥 경제 성장국들은 그 달러를 쌓아두기보다는 어디인가에 투자해야 했다. 당시 돈을 풀어 경제 성장을 시도하던 미국의 부동산시장은 그런 면에서 좋은 투자 대상이었다.

우선 미국 부동산시장의 성장 속도가 빠르기 때문에 미국에 대한 투자가 매력적이었다. 거기에 더해 세계 기축통화인 달러의 원산지인 미국이기 때문에 국가 투자 위험도도 거의 없었다.

여기에 미국의 모기지는 가장 확실한 담보 대상인 주택이 담보로 잡혀 있고 표준화가 잘 돼 있어 투자 위험 분석이 투명하기 때문에 미국 주택 모기지에 대한 선호도가 높아지게 되었다.

이렇듯 국내 유동성이 급증해 떠도는 돈이 많은데다가 미국과의 무역 흑자로 달러 보유액이 매년 늘어나는 신흥 경제 성장국들의 달러조차 미국 부동산시장으로 들어오니 미국의 부동산시장에 자금이 넘쳐나게 된 것이다.

가장 확실한 대출로 믿었던 주택 융자로 자금이 집중되자 주택 융자 기관들은 넘쳐나는 자금을 처리하기에 바빠졌다. 그 자금으로 끊임없이 주택 융자를 해줘야 하는데 미국의 주택시장은 이미 과거 2차 대전 후와 같은 특수가 있을 리 없는 성숙한 시장이었다.

이를 타파하고자 고안해낸 방법이 대출 대상이 안 되는 대출자에게 대출을 해주는 안, 바로 신용 기준의 완화였다. 서브프라임 대출의 본격적 양산 시대의 시작이었다.

신용 기준 완화로 인해 비우량 대출자들이 집을 살 수 있게 되자 2004년부터 주택 수요는 폭발적으로 늘어났다. 이렇게 수요가 늘자 주택 가격은 갑자기 두 자리 수 이상의 비율로 뛰었다.

신용 기준 완화에 대해 불안해하던 세컨더리 마켓도 부동산 불패론의 환상에 사로잡혀 서브프라임 대출에 대해 태도를 바꾸기 시작했다. 드디어 대공황 이전 주택 융자 시장에 만연하던 거품 상황을 21세기에 다시 그대로 재현하기에 이른 것이다.

몰락의 시작

2004년 이후 인플레이션을 우려한 연방준비제도이사회는 긴축정책으로 방향을 선회한다. 이와 함께 연준의 기준금리에 연결된 이자율도 오르기 시작하면서 초저금리 시대가 막을 내린다.

수많은 서브프라임 대출이 변동금리 상품이다 보니 이자율 인상은 상환에 부담을 주게 되었고 이로 인해 2006년부터 대량 연체 현상이 나타나기 시작했다. 그리고 드디어 2007년 서브프라임 사태를 맞는다.

주택 가격은 3, 4년 전 수준으로 돌아갔으며 아직도 어느 선까지 떨어질지 알 수 없는 상황이다. 월 상환금을 갚지 못해 연체가 생기고 차압까지 당하는 주택이 매달 기록적으로 증가하고 있다.

미국 5대 투자은행 중 메릴린치와 베어스턴스가 흡수 합병

되고 리먼브러더스는 158년의 역사를 뒤로 한 채 문을 닫았으며 남은 두 개인 골드만삭스와 모건스탠리도 정부의 구제금융을 받아 금융지주회사로 전환했다.

미국 내 최대 모기지 전문은행이었던 워싱턴 뮤추얼과 컨트리와이드도 합병되었고 중견 지역은행이었던 인디맥은 대량 예금 인출 사태를 견디지 못하고 파산했다.

세계 최대의 보험사인 AIG도 풍전등화의 처지까지 가다가 정부의 막판 구제로 겨우 명맥을 유지하고 있다.

문제는 미국만으로 그치지 않고 독일, 프랑스, 스위스, 영국, 호주, 캐나다 거의 모든 선진국의 은행권이 마비되고 있으며 브라질, 러시아 같은 신흥 개발국은 더 큰 혼란에 빠져 있다.

미국 금융 당국과 재무성은 매시간 어떻게 해보려고 안간힘을 썼고 마침내 사상 최대 규모의 7,000억 달러 금융 구제안까지 의회를 협박해가면서 승인을 끌어내었다.

선진 7개국 정상끼리 같이 손잡고 문제를 풀어가자고 하는가 하면 유럽공동체 중앙은행들은 공동 대처안을 내놓고 있다.

이 정도면 대공황 때보다 더 심한 상황이 아니라고 자신할 수 없다. 철저한 몰락이다.

되풀이되는 실수

미국 주택융자 역사를 돌이켜보면 모기지는 미국 경제 발전의 주역으로 매우 중요한 위치를 차지하고 있다. 그런데 경제 순환 과정에서 투기와 거품이 발생하는 시점에는 덩달아 거품을 일으키면서 경제의 몰락을 부채질한 기록을 가지고 있다.

대공황 때의 주택시장 몰락은 경제학계에 충격이었고 이를 해결하기위해 수많은 연구가 이루어졌고 이에 기초한 정책들이 시행되었다.

그러나 이 모든 연구와 정책들이 효과를 보기 위해서는 가장 본질적인 기초가 튼튼히 유지되고 있어야 한다는 진리를 부동산시장의 역사에서 확인할 수 있다.

바로 그 본질적 기초란, 대출은 신용 기준을 완화하면 늘어난다는 평범한 진리이다. 대출이 늘어나면 대출 대상 자산에 대한 수요가 증가한다. 수요가 증가하면 당연히 가격이 올라간다는 것은 시장경제의 기본 상식이다.

그러나 신용 기준을 완화해서 늘어난 수요는 오래갈 수 없다. 상환능력에 한계가 있기 때문이다. 상환능력에 한계를 안고 키운 자산가치 상승은 모래성일 뿐이고, 이 모래성이 무너졌을 때 경제는 모래성을 쌓을 때 누렸던 혜택의 몇 배 몇 십

배의 대가를 치러야 한다.

우리는 이 평범한 원리를 대공황 때 확인했고 그 이후 수없이 그 교훈을 되새겨왔지만 이번 서브프라임 사태는 다시 70년 전의 실수를 그대로 재현한 것이다.

결론적으로 미 부동산 시장의 역사를 돌이켜보면 이번 서브프라임 사태는 결코 새로운 사건이 아니라는 사실을 확인할 수 있다. 그리고 지금 이 서브프라임 사태를 해결하고자 노력하는 방안들을 보면 대공황기에 만들었던 구제안과 개선책을 답습할 뿐이라 허탈하기까지 하다.

인간의 숙명인지 아니면 자본주의의 숙명인지 모르지만 어쩌면 피할 수 없는 반복일지도 모르겠다.

연환계에 빠진 세계

창 조 적 금 융 상 품 의 사 슬

위험의 분산이
위험을 불러오다

01

적벽대전과 연환계

소설 『삼국지』의 하이라이트는 조조를 주유와 제갈량이 연합하여 대파한 적벽대전이다. 당시 중원 통일의 힘을 쌓은 조조의 백만 대군은 강동의 오나라를 깨뜨리면 명실상부한 천하통일을 할 수 있다는 의기로 손권을 공격한다.

수적으로 상대가 되지 않던 오나라는 변변한 근거지조차 없는 유비의 참모 제갈량의 변설에 설복돼 연합군의 동맹을 맺고 대항해 마침내 적벽에서 최대의 접전을 하게 된다. 이들 연합군의 최대 노림수는 수전에 강한 오군의 강점을 이용해 수전에 경험이 없는 조조군의 약점을 이용하는 것이었다.

주유와 제갈량은 수많은 배를 가지고 수적 우위로 밀어붙이려는 조조군을 이기는 전략으로 적 함대에 불을 질러 공격하려는 화공을 계획한다. 이 계획의 효과를 극대화할 수 있도록 주유는 당시 제갈량과 버금가는 전략가인 방통을 교묘히 조조 진영에 접촉시킨다.

방통은 위장 귀순하여 조조에게 전략에 대한 자문을 하게 된다. 방통은 육군으로 구성되어 배를 타는 것에 익숙지 않은 조조 군이 배 멀미 때문에 전력이 떨어진다는 사실에 고민이 깊던 조조의 의중을 간파해 조조의 신임을 얻는다. 방통은 멀미 문제를 해결하는 방안으로 배들을 한데 묶어 출렁거림을 막는 방안을 제시한다.

조조는 즉시 방통의 방안을 받아들여 쇠사슬로 배를 연결한다. 이렇게 연결된 배는 주유와 제갈량의 화공 전략에 한꺼번에 불타버릴 수 있는 치명적 약점을 갖게 된다.

유황 등을 가득 채운 연합군의 화공선은 쇠사슬로 연결된 조조의 대함대를 향해 돌진하고 부딪히기 직전 스스로에 불을 질러 조조 함대에 번지게 한다. 이미 쇠사슬로 이어져 있던 대함대 중 한 대에 붙은 불이 결국 전 함대에 다 퍼지면서 대화재에 휩싸인다. 이로써 조조군은 완전히 패배한다.

이 사건이 그 유명한 적벽대전이다. 이때 방통이 쇠사슬로 배를 연결하게 한 계략이 주효했는데 이를 두고 조조군이 방통의 연환계에 빠졌다고 표현하기도 한다. (보통 연환계라 하면 적벽대전을 떠올리는데, 연환계가 삼국지에 처음 나온 것은 아니고 중국 고대 병법 36계 중의 하나로 고리를 연결하듯 여러 가지 계책을 연결시키는 병법이라고 한다.)

위험 분산이 위험을 불러오다

이번 미국의 서브프라임 사태를 보면 그 의미는 약간 다르지만 연환계의 빠진 조조 군과 비슷한 면이 많다. 조조 군이 연환계에 빠진 가장 큰 이유는 수전에 약한 조조 군의 약점을 보완할 필요가 있었기 때문이었다. 조조 입장에서는 배를 묶어 큰 배를 만들면 요동이 줄어들어 병사들의 멀미를 멈추게 하는 데 효과가 있음을 예상할 수 있었다. 이는 금융에 있어서 위험을 줄이는 노력에 해당한다. 그러나 이 위험을 줄이고자 시도한 전략은 적의 화공에 무기력할 수밖에 없다는 더 큰 위험을 안게 된다. 결국 이로 인해 조조군은 막대한 수적 우세에도 불

연환계에 빠진 세계 |
창조적 금융상품의 사슬

구하고 패배하게 되었다.

　서브프라임의 문제는 위험을 분산키 위한 노력이 결과적으로 더 큰 위험을 가져온, 스스로의 발등을 찍은 사건이다. 서브프라임 사태의 핵심은 모기지유동화채권의 원리에 있다.

　앞서 설명한 대로 모기지유동화채권은 개별 모기지를 몇 십 개, 몇 백 개씩 모아 하나의 채권으로 기관이나 일반 투자자에게 판매하는 투자 방식이다. 모기지를 모으는 방식은 가급적 지역적으로도 여러 지역의 모기지를 모으고 대출자도 다양한 층으로 나눈다. 이렇게 함으로써 한 지역의 경기가 나빠지거나 한 계층의 대출자가 어려워져도 위험이 집중되는 것을 피하여 분산시킬 수 있다.

　그런데 서브프라임 대출이 급격히 늘어나면서 이들 서브프라임 대출을 모아 만든 유동화채권은 이 위험 분산의 원리가 묘하게 깨져나간다.

　서브프라임 모기지 채권은 태생적으로 연체율이 높을 수밖에 없는 채권이다. 신용이 좋지 않고 대출 상환능력도 확인이 안 돼 있으며 담보비율도 대출의 100%까지 이르러 우량 대출의 삼박자를 어느 하나도 제대로 갖추지 못한 대출이기 때문에 연체와 파산은 불을 보듯 뻔한 일이었다.

　그런데 이들 서브프라임 모기지 채권을 모아 유동화채권으로 변형시키는 과정에서 수십 수백 개의 서브프라임 모기지 채권이 모였으니 위험이 분산되었다고 착각한 것이다. 원래 분산 정책이 위험을 줄이는 이유는 성격상 다른 대출을 모아 놓았기에 가능한 것인데 서브프라임 모기지 채권은 성격상 문제가 많은 대출만 골라 모은 채권이어서 위험을 분산했다기보다는 오히려 위험을 합쳐놓아 위험을 증폭시키는 결과를 가져온 것이다.

당시 유동화채권을 운영하던 논리는, 아무리 신용이 나쁘고 담보가 약하고 소득 확인이 안 돼 있는 대출만 모았다고 하더라도 이들 대출이 한꺼번에 문제가 될 리는 없을 것이라는 주장이었다. 그러나 현실에서는 같은 성격의 비우량 주택담보대출만 모았기 때문에 한꺼번에 문제가 나타났고 이렇게 되니 증권화해서 위험을 분산했다기보다는 오히려 위험을 모아서 더 큰 위험을 만든 결과가 나타난 것이다.

이런 과정을 지나고 나서의 결과는 조조군이 연환계에 당한 것처럼 비슷하다. 위험을 줄이거나 피할 수 있었다고 생각했던 유동화채권은 금융권이 감당하기 어려운 규모의 문제로 커져 미국과 세계 금융권의 유수한 대형 기관들을 무너뜨렸다.

위험이 더 커진 MBS

서브프라임 모기지 채권을 수십 개 또는 수백 개씩 묶어 MBS 모기지유동화채권로 만들어 제2금융권에 파는 방식은 원래 위험을 분산시키는 역할을 할 수 있다. 앞서 설명한 대로 대출을 모으는 과정에서 지역별, 대출자별 분산 설계를 잘함으로써 위험이 한꺼번에 몰려오지 않을 수 있도록 하는 기능을 갖고 있다.

그러나 MBS는 원천적으로 위험을 높일 수 있는 허점을 가지고 있기도 하다. 바로 원 대출자의 위험 떠넘기기 위험이다.

MBS는 모기지 대출을 하는 금융기관이 위험을 남에게 넘길 수 있도록 해준다. 모기지 대출을 한 은행에서는 이들 채권을 모아 직접 MBS를 만들어 팔거나 MBS를 만드는 기관에 넘긴다. 스스로 MBS를 만들 규모와 능력이 있으면 직접 채권화하고 규모가 작거나 MBS를 만들 능력이 없으면 전문기관에 대출 채권을 넘기는 것이다.

그런데 이렇게 모기지 채권을 팔고 나면 그 채권이 부실해져도 부실에 대한 책임까지 모기지 구입 기관으로 넘어간다. 물론 모기지 채권을 판 이후 정해진 기간, 즉 3개월이나 6개월 안에 부실이 발생하면 다시 되사와야 하는 약정이 있다. 그러나 통상적으로 대출을 받은 지 얼마 되지도 않아 부실이 발생하는 경우는 많지 않기 때문에 원대출자가 모기지를 되사와서 부실의 위험을 떠안을 가능성은 높지 않다.

모기지 채권을 팔고 나서 일정 기간이 지나면 채권을 판 금융기관의 책임이 완전히 없어지는 이러한 계약 조건은 모기지 금융기관이 감당해야 할 부실 대출에 대한 위험을 면제해주는 효과가 있다.

이렇게 대출을 해준 금융기관이 증권화 과정 속에서 제2금융권에 책임을 넘기게 되는 특성 때문에 모기지 금융기관은 더 많이 대출을 할수록 위험은 거의 없고 채권 판매 수수료만 늘어나는 기회를 갖게 된다.

바로 이 위험 면제로 인해 대출을 만들어 파는 기관은 도덕적 해이의 유혹에 빠질 수 있다. 즉 대출을 많이 하면 할수록 이익은 늘어나고 그에 상응한 책임은 없다고 생각하니 어떻게든 많은 대출을 하려고 하고, 많은 대출을 하기 위해 심사 기준을 낮추게 돼 더 큰 위험을 안게 되는 것이다.

이상을 정리하면 MBS는 채권을 구성하는 모기지 대출의 지역별 대출자별 분산을 통해 채권의 부실 위험을 낮추는 효과가 있어 위험을 줄여준다. 반면에 원 대출기관의 위험을 제2금융권에 떠넘길 수 있다는 특성으로 인해 원 대출기관은 심사 기준을 완화해 더 많은 대출을 하고자 하는 유혹에 빠지게 된다. 이러한 특성으로 인해 MBS는 오히려 위험이 더 크게 만드는 역기능도 있다.

MBS의 위험 관리 장치

이러한 원 대출기관의 도덕적 해이는 MBS 시장의 구조적인 위험 요소이기 때문에 나름대로의 MBS 시장 활성화를 위해 자구적인 보완책을 강구해왔다.

그 대표적인 보완 장치가 MBS의 신용등급 책정이다. 모기지 대출 금융기관들이 모기지를 채권화해서 MBS로 팔 때마다 이익을 챙기지만 부실 위험은 떠넘길 수 있기 때문에 원 대출자는 심사 기준을 완화해서 더 많은 대출을 하고자 한다는 사실은 이미 설명했다.

이러한 원 대출자의 도덕적 해이를 견제하고자 MBS를 구입하는 투자기관은 MBS에 대해서 객관적인 제3의 기관의 심사를 요구한다. MBS는 바로 이 채권 심사에 의한 신용등급에 따라 가격이 매겨지는데 신용등급이 높을수록 채권의 가격이 올라가고 낮을수록 가격이 내려간다.

예를 들어 똑같이 1억 달러의 액면 원금에 연 평균 수익률도 5%인 MBS 두 개가 있다고 하자. 이 두 채권은 1년에 이자로 500만 달러(1억 달러의 5%)를 지급한다. 신용평가기관의 심사에 의해 하나는 최상급의 평가를 받았고 다른 하나는 투자 부적격 평가를 받았다고 하면 시장에서 두 채권을 사고자 하는 투자자의 투자 금액은 달라진다.

최상급의 평가를 받은 채권은 일반적으로 투자자들이 원금보다 더 많은 금액을 내고, 즉 프리미엄을 주고 산다. 1억 달러짜리 채권을 1억 1,000만 달러에 사는 식이다. 그러면 채권을 파는 쪽은 1,000만 달러의 매매 이익을 갖게 된다.

1억 달러짜리 채권을 1억 1,000만 달러에 산 투자자는 매년 500만 달러의 이자를 받는데 투자 금액이 1억 1,000만 달러이기 때문에 실제 수익률은 500만 달러를 1억 1,000만 달러로 나눈 4.55%가 된다.

신용등급이 투자 비적격인 두 번째 채권은 위험도가 높기 때문에 비록 원금이 1억 달러라고 해도 프리미엄이 없거나 심지어는 원금보다 낮은 가격에 투자자들이 사들이게 된다. 예를 들어 9,000만 달러에 사들였다고 하면 원 대출자는 원금도 못 건지고 손해를 보고 팔게 된다.

이 때 9,000만 달러에 채권을 산 투자자의 투자 수익률은

이자 500만 달러를 투자 원금 9,000만 달러로 나눈 5.55%이
된다.

이렇게 같은 1억 달러의 채권이라 해도 신용등급에 따라 판
매 가격이 차이가 난다. 만약 신용등급이 너무 나쁘면 원 대출
자는 원금도 못 건지고 손해를 볼 가능성이 크기 때문에 원 대
출자는 보통 두 가지 방법 중 하나를 선택한다.

첫째는 신용등급이 나쁜 MBS를 만들지 않는 것이고, 둘째
는 신용등급이 나쁜 채권을 만들 경우 모기지 대출자에게 높은
이자율을 적용하는 것이다. 첫 번째 방법은 당연하기 때문에
추가 설명이 필요 없을 것이다. 하지만 두 번째 방법이 시장에
서 정당화되는 과정은 부연 설명이 필요하다.

투자 비적격 신용등급의 채권을 사는 투자자는 궁극적으로
신용등급이 낮은 만큼 이자로 보상을 받고자 한다. 앞서 예에
서 보았듯이 액면가 5%의 수익률을 가진 채권을 9,000만 달
러로 할인해서 사게 되면 실제 수익률이 5.55%로 올라간다.
(물론 대출 만기일에 원금을 할인받고 산 부분을 다 회수하게 되니
실제 계산으로는 수익률이 더 올라가지만 이해의 편의를 위해 단순
이자율로만 계산을 한다.)

이 계산은 투자자 입장에서 투자 비적격 채권을 살 때
5.55%의 수익률이면 더 높은 위험을 선택하는 데 대한 충분

한 보상이라고 생각한다는 말이다. 그렇다면 원 대출자 입장에서는 비록 투자 비적격 채권일지라도 5.55% 이상의 이자율을 받는 채권을 만들 수만 있다면 원금 할인 없이 투자자를 구할 수 있다. 따라서 투자 비적격 채권에 해당하는 모기지 대출을 하는 은행은 우량 대출에 비해 높은 이자율을 대출자에게 적용해서 위험을 보상받는다.

이렇게 채권시장은 위험도에 대한 객관적 측정인 신용도에 대한 평가를 받고 이에 따라 채권의 가격이 형성되기 때문에 원 대출자는 심사 기준을 완화해서 무작정 대출을 많이 할 수 없도록 제어가 된다.

우량 대출을 해서 신용 등급을 높여 제값을 받고 팔든지 아니면 비우량 대출이더라도 이자율을 높이고 투자 비적격 채권으로 만들어 팔든지 선택을 하면 된다. 바로 이 신용 평가가 원 대출자의 무차별 대출에 대한 견제로 작용하는 주요 장치가 돼 원 대출자의 도덕적 해이를 막아준다.

• • •

서브프라임 사태는 대출자의 원초적 도덕적 해이를 막아주는 신용 평가 기능이 무너지면서 발생한 사건이다.

앞에서 살펴보았듯이 서브프라임 대출은 우량 대출의 세 가지 요건을 완화해서 대량 생산한 비우량 대출이다. 밑바탕이 되는 원 대출이 비우량 대출이었다면 그들을 모아서 만든 채권도 비우량 채권이 되는 것은 상식적으로 당연하다. 그런데 이들 비우량 대출을 모아 모기지유동화채권을 만들고 신용등급을 책정하는 과정에서 비상식적인 논리가 지배해 우량 채권으로 탈바꿈하는 현상이 나타난다.

이 비상식적인 논리가 바로 유동성 채권시장에서 발생할 수 있는 금융기관의 도덕적 해이를 방지할 수 있는 기능인 신용등급 평가 장치가 제 역할을 못 하게 만든 원인이었고 이로 인해 모기지 시장에서 채권화가 이루어지는 과정상 도덕적 해이를 방조하는 결과를 가져온 것이다.

세계를 엮은 사슬
CDO

02

서브프라임 사태 주역의 등장

분산 투자와 부동산 불패론으로 무장했다고 하나 서브프라임 대출시장은 바로 이 대출을 소재로 만든 유동화채권에 최상급의 신용등급을 주는 데 한계가 있었다. 채권 안에 속해 있는 대출의 수준이 대부분 우량 대출 심사 기준을 못 맞추고 있어 신용평가기관이 주저하고 있었다고 할 수 있다.

이때 등장한 것이 이번 서브프라임 사태의 주역이라 할 수 있는 CDO Collateralized Debt Obligation 이다. 한국어로는 번역할 단어가 마땅하지 않은데 굳이 번역하자면 담보부채권이라고 옮기는 것이 무난할 듯하다.

CDO는 MBS와 몇 가지 면에서 차이가 있다. 우선 MBS는 모기지 대출을 모아 채권으로 구성한 상품으로, 하나의 채권별로 그에 속한 주택담보가 직접적으로 붙어 있다.

따라서 MBS에 속한 주택 융자에 연체가 발생하면 그 채권을 관리해주는 용역회사가 나선다. 용역회사는 즉시 그 채권에 속한 주택을 차압 절차를 통해 처리해 채권 소유자에게 회수금을 돌려준다.

그런데 CDO는 MBS처럼 모기지 대출을 기반으로 채권을 만들지 않고 이미 시중에 만들어진 MBS들을 다시 모아 만든 2차 채권이다. 예를 들어 10개의 MBS에서 각각 1,000만 달러씩 사들여 1억 달러짜리 채권을 만드는 것이다.

이렇게 1억 달러짜리 채권을 만든 후 CDO는 본 채권 안에서 지급 순위를 재구성한다. 예를 들어 다섯 단계로 채권을 쪼개어서 원금 회수의 순서를 1순위에서 5순위까지 배정한다. 이 쪼개진 단위를 트랜치Tranche라고 부른다.

이 트랜치는 그 순서에 의해 원금을 갚아나가게 된다. 전체 1억 달러에 속하는 모기지 대출에서 월 상환금이 들어오면 우선 제1순위에 속하는 트랜치의 원금을 갚는다. 1순위의 트랜

거대한 착각
글로벌 금융 위기를 넘어

치 원금이 완전히 상환될 때까지 2순위 이후의 트랜치는 이자는 받되 원금은 상환되지 않는다.

그리고 1순위의 트랜치가 다 상환되고 나면 그 이후 들어오는 원금은 2순위의 트랜치에 적용된다. 이런 식으로 모든 트랜치의 원금이 상환될 때까지 CDO의 원금 상환은 이어진다.

이러한 트랜치의 순위 배정 방식은 트랜치별 위험 순위 차별화를 가져온다. 원금이 먼저 상환되는 선순위 트랜치는 나중에 상환되는 후순위 트랜치에 비해 원금 손실 위험이 적어진다. 한국에서 오랫동안 유행한 낙찰계 방식을 생각하면 이해가 쉬울 것이다.

이렇게 우선순위에 따라 트랜치를 정하고 난 후 CDO의 가장 마지막 트랜치는 판매되지 않고 CDO를 만들어 판매하는 기관에서 보유한다.

이 마지막 트랜치는 그 위험이 가장 높다 하여 '독소 폐품 Toxic Waste'이라는 표현을 쓴다. 거의 독처럼 높은 위험을 가지고 있다는 뜻인데 이 위험이 가장 높은 트랜치는 대부분 CDO 판매자가 직접 감당한다.

CDO의 마지막 트랜치인 독소 폐품보다 선순위의 트랜치를 사는 투자자는 CDO 판매자가 독소 부분을 감수하고 있다고 생각해서 안전장치가 마련되어 있다고 평가한다. 만약 전체

CDO에 문제가 생긴다면 독소 폐품을 갖고 있는 CDO 판매자의 피해가 가장 클 것이기에 CDO 판매자는 자신의 위험을 낮추고자 신중하게 CDO를 구성할 것이라고 생각하기 때문이다. 이 논리에 의해 선순위 트랜치는 신용등급이 올라간다.

가장 선순위에 속하는 트랜치는 신용보증보험기관에서 보증을 하는 경우도 많다. 원금 회수가 가장 먼저라는 장점에다 신용보증기관에서 보증까지 하기 때문에 이들은 부도율 거의 없는 최우량 신용등급으로 평가받는다.

CDO가 서브프라임 대출의 대량 생산을 촉발하게 한 이유가 바로 이 트랜치 방식의 원금 상환에 있다. 전체적으로 신용등급이 나쁜 채권들을 일정 부분씩 모아 다시 제2의 채권을 만들었으나, 원금 회수 시기의 순서를 정해주고 가장 후순위에 속하는 트랜치를 판매 기관이 흡수함으로써 선순위에 속하는 부분은 신용등급이 올라가는 기반을 만들었기 때문에 우량 채권으로 투자시장에서 대량으로 판매될 수 있었다. 이렇게 모인 돈은 다시 모기지 시장에서 대출 자금으로 대량 공급되었다.

신용 부적격이나 낮은 신용의 채권을 원금 상환 순서에 따라 배정해 신용등급을 향상시키는 과정은 바로 '금융공학'의 한 예이다. 대단히 창의적인 뜻으로 나타나는 금융공학의 실체는 같은 금융상품을 설계와 운용 방식의 변화를 통해 더 좋은 상품으로 만들어내는 방법이라고 정의할 수 있다.

정리하면, 서브프라임 대출은 모기지유동화채권으로 전환되면서 분산 투자의 위험 감소 원리와 부동산 불패론의 환상에 빠져 실제보다 높은 신용등급을 받는다. 여기에 CDO 방식의 채권으로 한 번 더 탈바꿈하면서 원금 상환 순서 설정이라는 금융공학이 가미돼 신용등급은 한층 더 높아져간다. 이렇게 신용등급이 급상승한 서브프라임 관련 채권은 투자시장에서 폭발적인 인기를 얻게 되면서 서브프라임 사태를 잉태한다.

서브프라임 CDO의 높은 수익률

신용등급이 몇 차례에 걸쳐 상승하면서 수많은 서브프라임 관련 CDO는 우량 채권으로 시장의 뜨거운 관심 속에 거래된다. 이 서브프라임 CDO가 다른 채권에 비해 인기를 끌었던 이유는 크게 두 가지다.

첫째는 매력적인 수익률이다. 앞서 채권은 신용등급이 높으면 수익률이 낮고 신용등급이 낮으면 수익률이 높아 채권 투자에 대한 위험을 수익률로 보상한다고 했다.

그런데 서브프라임 CDO는 수익률과 신용등급의 역관계를 벗어난다. 즉 신용등급도 높고 수익률도 높은 것이다. 이유는 간단하다. 원래 비우량 모기지 융자가 원 대출이다 보니 각 개별 모기지의 이자율은 높았다. 이렇게 이자율이 높은 비우량 모기지를 모아 채권을 만드니 당연히 채권 전체의 평균수익률도 높아졌다.

그런데 유동화 과정과 CDO 전환 과정에서 서브프라임 CDO의 신용등급이 높아졌다. 높은 평균수익률을 가진 채권이 그에 상응하는 신용등급을 갖지 않고 비정상적으로 신용등급이 올라갔으니 우량한 신용등급에 수익률까지 좋은, 믿을 수 없이 멋진 투자 상품이 나타난 것이다.

서브프라임 CDO의 출현은 1990년대 초부터 낮은 수익률 때문에 투자 수익이 낮아 고민하던 퇴직연기금에 더없이 좋은 희소식이었다. 퇴직연기금 등의 기관 투자자는 안정성 확보를 위해 최상급의 신용등급을 가진 대상에만 투자하는 것이 원칙이다. 어쩔 수 없이 낮은 수익률을 감수해야만 했고 시간이 흐르면서 저수익으로 인한 기금 고갈을 고민해야만 했다.

그런데 몇 번의 변화를 거치고 난 서브프라임 CDO는 최상급의 신용등급에 고수익까지도 보장하고 있어 연기금과 같은 기관 투자자들이 너무나 갈구하던 투자 상품이었다. 이런 이유로 서브프라임 CDO는 순식간에 폭발적인 성장을 하게 되었다.

서브프라임 CDO가 인기를 끌었던 둘째 이유는 공급이 쉽기 때문이다. 원래 CDO는 주택 융자에만 국한된 상품이 아니다. 회사채나 자동차 융자 등 어떤 분야의 대출도 CDO의 원리에 맞게 재구성되면 CDO가 된다.

그런데 서브프라임 CDO는 다른 종류의 CDO에 비해 만들어내기가 훨씬 빠르고 효과적이다. 주택 융자를 기초로 하기 때문에 CDO를 구성하는 원 대출의 표준화가 잘 돼 있고 개별 단위 모기지의 금액이 커서 시장의 큰 수요를 충족시키기 쉽기 때문이다.

이렇게 저위험 고수익이라는 특성 덕에 폭발적인 수요를 불러왔고, 표준화되어 있고 개별 단위가 커서 원활한 공급도 가능했던 덕분에 수요와 공급이 절묘하게 만난 서브프라임 CDO는 2004년부터 급성장을 했던 것이다.

CDO의 몰락

모든 것이 너무나 좋았던 서브프라임 CDO는 허구였던 부동산 불패론의 현실이 전반적인 이자율 상승으로 드러나면서 무너지기 시작했다.

원금 회수에 있어서 선순위의 유리함도, 분산 투자의 위험 감소 원리도 기초 재료인 서브프라임 대출의 대규모 연체 앞에서는 너무나 무기력했다. 결국 서브프라임 CDO는 대단위 부실을 겪게 되었다.

때를 같이해 이들 CDO에 대해 우량 신용등급을 책정해주었던 바로 그 신용평가기관이 신용등급 심사를 재검토한 후 갑자기 신용등급을 투자 비적격으로 떨어뜨리면서 서브프라임 CDO는 파국에 처한다.

신용등급 급락은 CDO를 가지고 있는 금융기관과 투자기관에는 청천벽력과도 같은 재앙이었다. 신용등급의 하락에 맞게 채권 가격을 회계 처리해야 하는데 신용등급이 너무 급격하게 떨어지자 채권 평가액이 급전직하했기 때문이다.

예를 들어 1억 달러의 최상급 신용등급인 서브프라임 CDO를 가진 금융기관은 장부상 1억 달러의 투자가 자산으로 기록돼 있었다. 그런데 갑자기 신용등급이 투자 비적격으로 떨어지면 시장에서의 가격이 70~80%가 떨어져 3~4,000만 달러밖에 안 되는 상황이 온 것이다.

그러면 그 금융기관은 떨어진 6~7,000만 달러를 장부에서 털어내야 하고 이는 고스란히 손실로 기록되면서 그 기관의 자본금을 잠식한다. 이렇게 손실과 자본 잠식을 당한 금융기관들이 속출하게 된 사건이 바로 문제의 서브프라임 사태이다.

문제는 서브프라임 CDO를 소유한 금융기관의 손실과 자본 잠식에서 끝나지 않았다는 점이다. 전 세계의 대형 은행들은 CDO를 대량으로 매입했을 뿐만 아니라 이 CDO를 담보로 다시 금융기관끼리 대출을 했다. 시티은행이 JP모건으로부터 10억 달러을 대출받으면서 시티은행이 가지고 있던 CDO를 담보로 제공하는 식이다.

그런데 어느 날 담보로 제공된 CDO들이 투자 비적격 신용등급으로 전락했다. 이렇게 되자 CDO를 담보로 잡고 있던 은행들은 담보가치가 없어졌으니 담보를 제공하고 대출을 해간 은행들에 우량 채권으로 담보를 바꾸거나 아니면 대출을 당장 갚으라고 요구했다.

그러나 대부분의 투자가 서브프라임 CDO로 채워졌던 금융기관들은 대체할 담보도 없었고 그렇다고 대출을 바로 갚을 돈도 없었다. 금융기관 간 유동성이 막혀버린 것이다. 이것이 바로 '신용 경색'이다.

이렇게 금융기관 간 대출이 막히기 시작하면서 금융기관들의 자금원은 송두리째 말라버리게 되었고 기업과 개인에 대한 대출시장 역시 대폭 축소되었다. 기업과 가계 대출이 막히자 대출 의존도가 높은 주택시장과 자동차시장은 급속도로 타격을 입으면서 금융의 위기가 실물 경제로 번지게 된 것이다.

이렇게 서브프라임 대출의 유행이 CDO의 범람으로 연결되고 이의 역순환 과정이 신용 경색과 실물 경제 침체를 가져온 개략적 서브프라임 사태의 전개 과정이다.

신용파생상품의 출현 배경

03

파생금융상품이란

파생상품은 'derivatives' 라는 표현을 옮긴 말이다. 이 뜻은 본 거래에서 파생되어 나온 거래라는 의미로, 본 거래의 위험을 줄이기 위한 상품이라는 뜻이다.

파생상품은 곡물, 원자재, 주식, 채권, 환율, 상업용 대출, 모기지 등 금융 상품 거의 전 분야에 걸쳐 존재한다. 파생상품은 이들의 실제 거래에서 발생할 수 있는 위험을 줄여주는 대가로 얼마간의 수수료를 받는 방식으로 가치가 형성된다.

예를 들어 원자재로 구리를 계속 사들여야 하는 전선 제조 회사가 있다고 하자. 이 회사는 구리가 주원료인 제품을 만들기 때문에 구리 가격의 변동에 따라 원가가 올라가고 내려간다. 이 경우 만약 이 회사가 구리 가격의 오르내림에 따라 고객에게 받는 제품 가격을 마음대로 조정할 수 있다면 구리 가격이 변동되더라도 회사가 손실을 볼 위험은 없다.

그러나 현실에서는 단기간의 구리 가격 변동에 따른 원가 변동을 제품 가격에 그때그때 반영시키지 못하는 경우가 대부분이다. 따라서 구리 가격이 오르면 회사는 이익이 줄거나 손해를 보게 되고 반대로 구리 가격이 떨어지면 이익이 늘어난다.

이익이 늘어나면 좋지만 이익이 줄거나 손해를 보는 경우는 회사에 치명적일 수 있다. 이 때 손해를 보는 경우를 피하기 위해 회사는 구리 납품 회사와 미래의 일정 기간 동안 구리 가격을 미리 확정해놓는 계약을 맺고 싶어한다.

그러나 구리 납품 회사 측에서 보면 역시 전선 제조 회사와는 반대되는 상황의 위험에 직면케 된다. 즉 구리 가격이 오르면 이익을 보고 구리 가격이 떨어지면 손해를 보게 된다.

이런 상황에서 일정 기간 정해진 가격의 납품 계약이 성사되면 양 측 모두 구리 가격 변화에 상관없이 일정한 이익을 유지할 수 있게 된다. 전선 제조 회사 입장에서는 갑자기 오른 구리 가격으로 인해 원가가 급격히 올라 치명적 손실을 입을 가능성을 없애고, 구리 납품 회사 입장에서는 갑자기 구리 가격이 떨어져 발생할 손실 가능성을 없앨 수 있다.

이 사례처럼 전선 제조 회사와 구리 납품 회사가 서로의 치명적 손실을 줄이고자 의견이 맞아 서로 정해진 조건으로 장기 계약을 미리 할 수 있다면 가격 변동의 위험을 줄일 수 있다. 그러나 서로 거래하는 회사 간의 의사가 맞지 않아 어느 한 쪽에서라도 장기 계약에 동의하지 않으면 가격 변동의 위험은 사라지지 않는다.

이렇게 당사자 간 장기 고정 가격 계약이 성립되지 않을 상황에서 제3의 기관이 개입해 이 가격 변동의 위험을 떠안고 그대가로 수수료를 받는 금융 수익 모델이 생겨났다. 바로 이렇게 본 계약의 위험을 안아주고 대가를 받는 상품을 파생상품이라고 한다.

파생상품의 가격 책정 원리

파생상품은 남의 위험을 떠안고 그에 대한 대가를 받는 상품이기 때문에 위험 가능성에 대한 정확한 예측이 생명이다.

이 예측이 안이해서 위험 부담에 대해 보상을 제대로 받지 못할 경우 파생상품 회사의 손실로 연결된다. 위험과 관계된 상품이다 보니 이런 계약이 많을 경우 망하기까지 한다.

다시 전선 제조 회사의 예로 돌아가자. 현재 회사의 생산원가상 구리 가격이 1톤에 1,000달러로 설정되었고 1톤의 구리로 전선을 만들면 1,100달러의 가격으로 판매가 된다. 이 회사가 한 달에 1만 톤의 구리로 전선을 만들어 판매한다고 하면 회사는 한 달에 1,100만 달러의 매출을 올리게 되고 구리 구입 대가로 1,000만 달러를 지급해서 100만 달러의 이익을 얻는다.

그런데 어느 달에 구리 가격이 1톤당 1,200달러로 오르면 생산원가에서 구리가 차지하는 금액이 1,000만 달러에서 1,200만 달러로 올라 100만 달러의 손실이 발생한다.

이 회사는 내부 비용을 감안할 때 구리 가격이 올라도 견딜 수 있는 한계 수준이 있다. 예를 들어 구리 가격이 1,100달러 이상이 되면 회사가 심각해진다고 해보자. 그러면 회사는 구리 가격이 1,100달러 이상 오르더라도 1,100달러에 구리를 살 수 있는 계약을 맺고 싶을 것이다.

이 때 그러한 파생상품을 파는 금융기관은 이 회사에 구리 가격이 아무리 오르더라도 1,100달러에 구리를 사게 해주겠다는 계약을 한다. 이 파생상품 계약을 하면 회사는 1,100달러

이상에 구리를 사야만 하는 경우가 없어져 큰 손실을 볼 위험을 제거할 수 있다.

파생상품을 판 금융기관은 만약 구리 가격이 1,100달러를 넘어가면 1,100달러 이상의 가격에 구리를 사서 이 공장에 1,100달러에 넘겨야 하니 손실의 위험을 안게 된다. 따라서 금융기관은 이 위험에 대한 보상으로 회사에 수수료를 요구한다. 이를 리스크 프리미엄risk premium이라고 부른다.

이 리스크 프리미엄은 금융기관이 예상하는 구리 가격 인상 가능성, 즉 확률에 의해 정해진다. 만약 구리 가격이 1,100달러를 넘어설 확률이 매우 높으면 파생상품을 판 금융기관의 위험이 높아지기 때문에 리스크 프리미엄이 커지고 확률이 낮으면 리스크 프리미엄이 작아진다.

여기서 금융기관이 구리 가격이 1,100달러를 넘어서 1,200달러가 될 가능성이 50%라고 가정했다고 하자. 전선 제조 회사가 1만 톤에 대한 구리 가격을 1,100달러로 확정하는 파생상품계약을 한다고 하면 금융기관의 예상 손실은 1,200달러에서 1,100달러를 뺀 100달러의 1만 배인 100만 달러가 된다. 그런데 1,200달러가 될 확률을 50%로 잡았으니 100만 달러의 50%인 50만 달러가 금융회사의 기대손실이 될 것이다.

그러면 금융기관은 회사에 대해 50만 달러 이상의 리스크 프리미엄을 수수료로 받고자 한다. 회사는 50만 달러의 수수료를 내고 계약을 맺게 된다. (실제 파생상품의 가격 산정은 훨씬 복잡하지만 이해를 돕기 위해 아주 단순화시켰다.)

위험 회피와 수익 추구가 교차하는 지점

파생상품은 앞으로 발생할 변화에 따라 나타나는 위험을 줄여줌으로써 위험에 대한 불안 때문에 생길 수 있는 거래의 위축을 막아주는 경제적 기능을 가지고 있다. 파생상품의 기능으로 인해 미래에까지 연결되는 거래를 원활하게 할 수 있다. 예로 든 전선 제조 회사의 경우 구리 가격의 안전성을 확보함으로써 회사는 일정한 수준의 가격으로 구리를 납품받을 수 있게 된다.

또한 파생상품은 내가 소유하고 있는 자산의 가격 변동성을 축소해줌으로써 재산의 보호막으로 작용해 사회의 안정을 가져다주는 역할도 수행한다. 보험이 대표적 보호막을 만들어주는 파생상품이라고 할 수 있다. 자동차보험을 들어서 차가 사고로 파손되었을 때 수리비를 보상받는 경우가 좋은 예이다.

이렇게 금융파생상품은 위험을 회피하려는 참가자와 위험

을 떠안고 수익을 추구하려는 참가자가 만나는 지점에서 거래가 성립한다.

서브프라임 사태도 파생상품이 깊이 연관돼 있다. 신용디폴트스왑credit default swap, CDS은 또다른 뇌관이라고까지 불리며 서브프라임에 관련돼 주목을 받고 있는 파생상품이다.

CDS는 원래 어떤 채권이 부도가 날 경우 채권을 산 투자자의 손실을 보상해주는 상품이다. 10만 달러짜리 채권을 살 경우 채권 구입자는 본 채권이 부도가 나는 위험을 걱정할 수가 있다. 그럴 때 CDS를 사면 부도 났을 때 보상을 받을 수 있다. CDS를 산 경우, 그 채권이 부도 나서 채무 회사의 재산 처리를 하고 났더니 6만 달러밖에 회수를 못했다고 하면, CDS를 판 금융기관이 손실인 4만 달러를 보상해주게 된다.

이번 서브프라임 채권의 경우만이 아니라 수많은 회사채, 지방정부채권 등의 채권을 구입하는 투자자들도 만약의 사태에 대비해서 CDS를 사두는 경우가 많다. 심지어 국가가 발행하는 국채조차도 다른 나라의 투자자가 구입을 하는 경우 CDS를 사서 국가 부도의 위험에 대비한다.

이 CDS의 수수료, 즉 리스크 프리미엄의 크기는 채권의 부도율에 달려 있다. 부도율이 높은 회사일수록 수수료가 높고 부도율이 낮은 회사일수록 수수료도 낮다.

부도율에 대한 측정 방식은 여러 가지이다. CDS를 발행하는 금융기관에서 채권을 발행한 회사나 정부를 직접 분석하는 경우도 있고 제3의 신용평가회사가 책정한 신용등급을 인정해서 활용하는 방식도 있다. 제3의 신용평가회사로는 S&P, 무디스와 피치가 대표적이다. 한국도 국가 신인도라 하여 이들 기관이 신용등급을 책정하고 한국 경제 상황에 따라 가끔씩 조정하는 것을 경험했다.

이처럼 부도에 대비한 CDS는 투자 시장에서 회사나 정부가 채권을 발행해 자금을 조달할 때 유리하게 작용한다. 그냥 투자하기에는 안심이 안 될 경우 CDS를 사둠으로써 만약의 부도 사태에 대비할 수 있기 때문이다.

그러나 채권 발행자가 부도가 났을 때 CDS 발행자가 손실을 갚아준다면 CDS 구입자는 채권 발행자보다도 CDS 발행자의 신용을 더 믿고 채권을 산다고 할 수 있다. 따라서 CDS 발행자는 대부분 대형 금융기관이고 CDS가 보증해주는 채권 발행 기관보다 더 튼튼한 경우가 많다. 이렇게 해서 파생상품인 CDS는 채권시장 활성화에 기여하고 있다.

CDS와 서브프라임 CDO

　CDS 역시 서브프라임 사태에 깊이 관여되어 있다. 주요한 CDS 취급 금융기관들은 폭발적으로 증가하는 서브프라임 CDO에 참여하지 않으면 막대한 수익을 올릴 수 있는 시장을 놓칠 것이 분명했기 때문에 서브프라임 CDO에 대한 보험을 파는 데 적극적으로 나섰다.

　그런데 서브프라임 CDO는 수십, 수백 개의 주택을 기초로 한 상품이다 보니 CDS 판매회사들이 각 채권에 담보로 제공된 주택에 대해 신용조사를 한다는 것은 현실적으로 불가능했다. 따라서 이들 채권에 대한 신용평가는 신용평가회사들이 책정한 등급을 활용했다.

　문제는 앞서 설명했듯이 신용평가사들이 서브프라임 채권의 신용등급을 책정함에 있어 부동산 불패론이나 분산 투자의 위험 감소 원리, 그리고 CDO의 원금 상환 순위 조정의 논리에 빠져 정확한 판단을 못한 데 있다.

　올바르지 못한 논리에 의한 부정확한 신용등급을 기초로 했기 때문에 서브프라임 CDO의 대규모 연체가 발생했고 그에 따라 CDO의 신용등급이 하락하고 실제로 손실이 발생했다. 그 결과 CDO가 부도가 났을 때 손실을 보상해주는 계약을 판

CDS 발행기관들은 감당할 수 없는 부담을 안게 되었다.

CDS는 확률에 의한 상품이다. 부실한 논리에 의한 것이긴 해도 최상의 신용등급을 가진 서브프라임 CDO는 부도 확률이 높지 않은 것으로 평가되었다. 그래서 CDS 판매회사는 거의 상징적인 수준의 낮은 리스크 프리미엄을 수수료로 받았다.

그러나 막상 연체가 발생하고 이것이 부도로 연결되니 CDO의 손실은 막대했다. 상징적 수수료만 받았던 CDS 발행기관은 그 막대한 손실을 다 뒤집어쓰게 되었다. CDS 발행 금융기관들이 무너질 위기에 처하게 된 것은 당연한 현상이라고 하겠다.

설상가상인 것은 서브프라임 CDO에 대한 CDS의 손실은 앞으로의 잠재적 손실에 비하면 새 발의 피라는 예상이다.

CDS는 수많은 회사채와 지방정부 및 국가 들의 채권에 대해 부도 위험을 대신 떠안는 상품이다. 그런데 서브프라임 CDO의 몰락이 금융권의 몰락과 함께 실물경제의 위기를 불러오면서 유수한 기업들도 영업 이익이 대폭 감소되고 자금난에 시달리고 있다. 더 나아가 경기 침체로 인해 세금 수입도 줄어들어 국가기관의 재정도 고갈되고 있다.

이렇듯 금융 위기로 인해 서브프라임 CDO와 직접적인 연관도 없는 세계적 자동차회사와 미국의 지방정부 채권마저 흔들리고 있으니 이들 채권에 대해 CDS를 판매한 대형 금융기관들은 거대한 태풍 앞에 서 있는 것과 같다.

이 현실이 서브프라임 대출이라는 단순한 주택 융자가 가져온 글로벌 금융 위기의 실체다. 서브프라임 대출을 모아 만든 서브프라임 MBS와 서브프라임 CDO가 몰락하자 이를 보증한 CDS를 발행한 금융기관의 손실이 폭증하고, 실물 경기 침체로 파장이 이어지면서 유수한 기업들과 지방정부가 어려움을 겪고 있으며, 이들 기업과 지방정부의 채권에 대해 발행한 CDS의 잠재적 위험은 미국뿐 아니라 달러의 영향권에 속하는 주요 선진국과 신흥 개발국 모두에 파국의 위험을 가져다 준 것이다.

금융공학의
실체

창의적인 위험 관리

금융공학은 실제 학술적 용어라기보다는 금융산업에서 일반인들이 쉽게 이해하기 힘든 작업을 통해 위험을 줄여 종전에는 가능하지 않던 금융을 가능케 하는 과정이라고 풀이할 수 있다.

예를 들면 자동차를 살 때 1980년대 이전에는 내 돈을 어느 정도 내고 남은 금액은 은행에서 융자해서 사는 방법이 보편적이었다. 자동차 가격의 20% 정도를 내고 나머지 80%를 대출

받아 사면 월부금 상환이 어려워지더라도 은행에서 차를 회수해 중고차 시장에서 팔면 원금을 회수할 수 있기 때문에 은행에서 80%까지의 융자가 되는 방식이다.

그런데 자기 돈을 하나도 내지 않고 자동차를 사는 방식을 연구하다가 자동차를 판매하지 않고 장기 임대하는 방식을 고안해냈다. 바로 리스 방식이다. 리스는 자동차 구입자가 자기 돈을 전혀 넣지 않기 때문에 대출기관의 입장에서는 위험이 크다. 그래서 리스를 고안한 금융기관은 한편으로는 리스의 대상이 되는 고객의 기준을 높여 연체 위험을 보상하고 다른 한편으로는 높아진 위험만큼 이자율을 올려 수익 구조를 맞춘다.

이렇게 되자 처음에는 높은 이자율과 까다로운 심사 기준 때문에 많은 사람들이 리스를 꺼렸다. 그러나 점점 자기 돈을 넣지 않고 차를 구입한다는 혜택이 부각이 되면서 리스 시장은 활성화되기 시작했다. 리스 시장의 활성화는 다시 역으로 자동차 판매 시장을 키워나가게 된다. 자동차 판매 시장이 커지자 이익이 늘어난 자동차 업계는 리스 회사를 직접 운영하거나 전담 리스 회사를 선정하여 리스 비용을 줄여줄 수 있는 여유를 갖게 된다.

리스에서 월부금을 결정하는 가장 큰 요소는 리스 기간이 끝나고 자동차를 리스 회사에 돌려줄 때의 자동차 가격과 이자율이다. 예를 들어 리스 하는 자동차 가격이 3만 달러이고 리스 기간을 3년으로 했을 때 3년 후 자동차 가격을 1만 달러로 하는 경우는 3년의 기간 동안 2만 달러만큼 자동차 가격이 하락한다는 것을 가정한다는 뜻이 된다. 그리하여 리스 회사는 3년 동안 자동차의 가치가 2만 달러만큼 줄기 때문에 이를 36개월로 나눠 한 달에 자동차 가치 감소에 따른 비용으로 555.56달러만큼 상환하도록 한다.

그런데 만약 같은 3만 달러의 자동차라도 3년 후 가치가 1만 2,000달러가 된다고 하면 3년간 가치 하락은 3만 달러에서 1만 2,000달러를 뺀 1만 8,000달러가 되고 이를 36개월로 나누면 한 달에 500달러가 되어 상환 금액이 줄게 된다.

여기에 이자율을 줄이면 자동차를 리스 하는 사람이 한 달 동안 내야 할 돈이 그만큼 줄어들 수 있다. 이렇게 되면 리스 회사는 3년 후 자동차를 돌려받을 때 가격을 조금씩 높여주고 이자율을 낮춰주면서 리스의 확대를 시도하게 된다. 박리다매의 개념이다.

이렇게 점점 리스의 조건이 좋아지면 자동차 판매는 리스라는 금융 상품을 통해 늘어나고 자동차의 수요가 늘어나면 자동차의 가격도 올라가고 이에 따라 리스 회사는 매출도 올리고 수익도 올릴 수 있게 된다.

이렇게 리스라는 새로운 상품 개념을 도입함으로써 종전에는 가능하지 않던 자동차 100% 융자가 가능해지고, 이로 인해 자동차 판매 증가, 그리고 다시 리스 증가로 이어져 자동차를 리스로 구입하는 사람과 자동차 판매 회사, 리스 회사 모두가 잘되는 선순환을 만들어내게 된다. 이 과정의 각 단계마다 발생할 수 있는 위험을 평가하고 손익을 계산하는 데 수학적 분석 도구를 이용하게 된다. 이렇게 수학적 분석 도구를 이용하여 금융시장을 분석하고 이를 바탕으로 상품 설계나 투자 판단을 하는데, 이를 금융공학이라고 이해하면 된다.

금융공학에 의해 새로이 나타나는 수많은 금융 상품은 경제를 발전시키고 소비자의 혜택을 증대시키는 데 기여했으며 지금도 기여하고 있다. 지금은 너무나 당연하게 받아들이는 신용카드나 할부 판매, 주택 융자, 프로젝트 파이낸싱 등도 처음에 시장에 도입될 때는 새로운 위험 관리 방식의 도입을 통한 일종의 금융공학이라고 할 수 있다.

따라서 경제에서 금융공학은 창의적인 위험 관리 기법의 도입을 통해 금융의 혜택을 기업과 개인에게 넓혀주면서 산업의 발전에 많은 기여를 하는, 일종의 금융 산업에서의 기술 개발이라고 해야 한다.

금융공학의 부정적 측면

그러나 경제 활동을 넓혀주는 금융공학은 때때로 고의적 실수로, 또는 의도하지 않았으나 제대로 상황을 파악하지 못해서 위험에 대한 평가와 관리를 잘못하면서 경제에 부정적 영향을 미치기도 한다.

금융공학이 잘못 적용되어 발생하는 경제적 피해는 대개 돈을 쓰는 사람과 돈을 투자하거나 빌려준 사람 간 정보의 차이 때문에 발생한다 (앞으로 편의를 위해 대출과 투자를 하나로 생각해서 설명하는 경우가 있다).

금융이란 원천적으로 돈을 빌려주거나 투자하는 사람과 돈을 빌려 쓰거나 투자 받는 사람 사이의 일이며, 양자 간에는 대출이나 투자의 대상에 대한 정보의 차이가 존재한다. 이런 정보의 차이로 인한 위험 또한 상존한다.

돈을 빌려주는 채권자는 돈을 빌리는 채무자의 신용과 능력을 보고 돈을 빌려주는데 이 경우 채무자의 신용과 능력은 채무자 자신이 가장 잘 알고 있다.

이렇게 채무자에 대한 정보를 채무자가 채권자보다 더 많이 가지고 있어 채권자가 불리한 위치에 설 수밖에 없는 구조를 정보의 비대칭 현상infomation asymmetry이라고 부른다. 이런 정보의 비대칭이 가져오는 문제는 레몬이라고 불리는 현상으로 잘 설명된다.

레몬의 법칙

노벨상 수상자인 애컬로프George A. Akerlof의 「레몬 시장The Market for Lemons」이라는 논문은 정보의 비대칭으로 인한 비효율적 시장에 대해 날카로운 통찰을 보여준 연구로 유명하다.

레몬이 영어의 속어로 쓰일 때는 좋은 줄 알고 속아 산 나쁜 상품을 의미한다. 대표적인 '레몬 시장' 의 예로 중고차 시장을 들 수 있다. 중고차를 사고자 하는 사람들은 그 차의 성능과 상태가 우수한지 아닌지 알 수가 없다. 반면에 차를 팔고자 하는 현재의 주인은 본인이 그 차를 오랜 기간 타고 다녔기 때문에 상태를 정확히 파악하고 있다.

정보가 부족한 구매자는 자동차의 상태를 몰라 적정한 가격을 주고 사기가 쉽지 않다. 그러다 보면 대부분 절충적인 가격 대인 그 차종의 평균 가격으로 협상이 진행되고 결국 중고차들의 시장 가격은 평균가에 집중된다.

그런데 평균보다 우수한 차를 가진 판매자의 입장에서는 자기 차의 우수성을 인정받지 못해 손해이므로 차를 팔지 않게 된다. 반면에 좋지 않은 차를 가진 사람은 평균 가격에 팔면 자기 차의 수준보다 높은 가격을 받게 되니 이익이어서 적극적으로 차를 팔고 싶어한다. 이런 과정이 반복되면 중고차 시장에는 평균 수준 이하의 자동차만 나오게 된다.

이렇게 해서 중고차 시장에 우수한 차량은 사라지고 평균 수준 이하의 '레몬'만 시장에 나오게 되는 상황에서 소비자가 내리는 선택을 경제학에서는 역선택adverse selection이라 부른다. 거래 당사자 중 한 쪽의 정보가 부족한 정보 비대칭으로 인해 잘못된 상품만 시장에 나타나는 상황에서의 선택을 말한다.

이 역선택은 중고차를 구입하고자 하는 사람들에게는 경험적으로 불리하게 작용하고, 그러다 보면 중고차 시장은 점점 위축돼 시장 기능이 작동하지 못하는 상태에까지 이른다.

금융에서의 레몬의 법칙과 역선택

이 레몬의 법칙은 금융계에서도 적용된다. 좋은 예가 대출이다. 돈을 빌리려고 하는 사람은 돈을 빌려주는 사람에 비해 자신의 경제 상태에 대해 훨씬 많고 정확한 정보를 가지고 있다. 즉, 대출시장에 정보의 비대칭이 존재한다.

　돈을 빌려주는 사람은 상대방의 경제 상태에 대해 정확하게 측정하지 못하기 때문에 시중에서 거래되는 평균 이자율을 기준으로 삼게 된다. 이렇게 이자율이 평균 상태로 정해지면 신용 상태가 좋은 우량 고객의 경우 그렇게 높은 이자율을 내는 것은 합리적이지 않다고 생각해서 평균 이자율로는 돈을 빌리려 하지 않는다. 반면에 재정 상태가 안 좋은 사람은 평균 이자율이라면 싸다고 생각해 적극적으로 돈을 빌리게 된다.

　그러다 보면 대출시장에는 정해진 평균 이자율이 높다고 생각하지 않는 악성 채무자만 남게 되는 역선택 현상이 나타난다. 결국 돈을 빌려준 사람들은 손실을 입게 되고 궁극적으로는 대출시장 자체가 축소되거나 사라질 것이다.

　이렇듯 대출시장에서 정보 비대칭으로 인한 레몬의 활성화는 대출자들의 손실, 이에 따른 대출시장의 축소로 연결되면서 경제 성장에 중요한 금융 기능의 마비까지 불러올 수 있다.

　따라서 정보의 비대칭 문제가 발생하는 영역에서 이에 대한 해결책을 찾지 못한다면 경제를 활성화하기는 어려워진다. 이런 배경으로 인해 경제가 발전하면서 금융시장에서는 정보의 비대칭을 해결하는 방법이 많이 개발되어왔다.

　대표적인 방법으로는 개별적으로 정보를 수집하고 분석하

는 방법과 정부의 정보 공개 규정을 통해 정보 공개를 의무화하는 방법 등이 있는데 그중 가장 보편적인 방법은 금융 중개 financial intermediation라 할 수 있다.

쉬운 설명을 위해 중고차의 예로 다시 돌아가면, 금융 중개의 개념은 중고차 중개업의 기능에 비유될 수 있다. 개인들이 개별적으로 중고차를 사고팔게 되면 레몬의 문제로 인해 역선택이 일어난다. 그런데 만일 중고차에 대한 평가를 전문적으로 할 수 있는 중고차 중개상이 중간에 있다면, 중고차 상태를 엄격히 파악해 가격을 설정할 수 있을 것이고 중고차를 사는 사람이나 파는 사람 모두 여기에 대해서는 공정하다는 생각을 갖게 될 것이다. 즉 구매자에게 불리한 정보의 비대칭을 전문 중개상이 해결해주는 것이다.

대출의 경우도 대출 전문 기관이 있어 대출자에 대해 신용 분석을 전문적으로 한다면 대출자의 신용 상태와 능력을 제대로 평가해 그에 걸맞은 금리를 적용해줄 수 있다. 따라서 우량 고객은 더 좋은 조건의 이자율로 돈을 빌릴 수 있고 비우량 고객은 높은 금리로 빌려야 하거나 대출이 거부돼 역선택의 위험을 제거해준다.

금융 중개의 핵심은 금융기관이다. 금융기관은 대출의 전문성을 바탕으로 신용 위험에 따라 이자율을 차별화하고, 악성 대출을 제거함으로써 대출시장을 확대한다. 자금을 공급하는 예금주나 투자자도 금융기관의 전문 대출 기능에 대해 신뢰가 쌓이면 더 많은 돈을 맡기게 된다.

이와 동시에 우량 대출자를 선별할 수 있기 때문에 대출이자율도 전반적으로 낮아지고 자금을 공급하는 투자자나 예금주도 낮은 이자율에 만족할 수 있게 된다. 그래서 이자율도 낮아지고 신뢰도도 높아져 금융 산업이 발전하게 되고, 금융 산업의 발전은 곧바로 일반 산업 발전의 밑거름이 되면서 전체 경제 성장을 가져오는 것이 금융 중개업의 가장 큰 기여라고 하겠다.

금융공학과 위험 관리

대출시장에서 역선택을 제거해 시장의 활성화를 가져오는 과정을 금융 중개라 했는데 금융공학은 이 금융 중개 기능이 새로운 창의적 기법에 의해 발전하도록 해주는 연구 개발R&D 활동이라 할 수 있다.

즉 대출자나 투자 받는 기업에 대한 신용 분석을 지금까지와는 다른 방식으로 시도해 더 정확한 신용 분석을 가능케 하고 이와 함께 위험을 관리하는 방식을 개선하려는 노력이 금융 공학으로 가능해진다.

그런데 이렇게 다른 방식을 시도하면서 기대와 달리 기존의 방식보다 돈을 빌려주는 사람이나 투자자의 위험이 더 높아진다면 그것은 대출기관과 투자자에게 손실을 안겨주고 그 상품은 실패하게 된다.

따라서 경제에 긍정적인 금융공학이란 기존의 방식과 다른 신용 분석 기법과 위험 관리 기법을 도입해 투자자의 위험을 줄여주면서 금융 거래를 확대시킨다는 조건이 갖추어질 때만 인정받는다.

반대로 금융공학이 새로운 신용 분석 기법과 위험 관리 기법을 도입했다고 해서 투자나 대출을 했는데 기존의 방식보다 연체와 부도가 많이 발생해 투자자나 대출기관의 손실을 키운다면 이는 부정적 금융공학이고 금융시장을 위축시키게 된다.

그런데 이 금융공학을 통한 신개념 상품이 잘못돼 부정적인 상품으로 판명이 나면 일반 비금융 상품의 실패와는 비교도 할 수 없는 사회적 파장을 불러올 수 있다. 왜냐하면 한 개별 기업의 실패와 달리 금융의 속성상 하나의 은행만 도산해도 금융권 전체에 대한 불안과 불신이 생겨 금융권을 마비시킬 수 있고 이는 더 나아가 경제를 마비시키는 연쇄 효과가 있기 때문이다.

금융 산업의 시스템 리스크

금융 기업이 망하면 금융계의 불안으로 연결되고 더 나아가 경제계의 마비로 확대되는 현상은 금융계만이 가진 특성 때문이다. 금융 중에서도 은행이 일반 기업에 비해 경제 전반에 큰 영향력을 갖는 두 가지 커다란 이유가 있다. 바로 자기자본비율이 매우 낮다는 점과 부채의 대부분이 예금이라는 점이다.

자기자본비율이 낮다는 말은 자기자본 투자에 비해 남의 돈을 빌려 쓴 부채가 높다는 말인데 은행은 통상적으로 부채가 자기자본에 비해 열 배 이상 된다. 보통 일반 기업의 부채가 자기자본에 비해 두세 배 정도 되는 것과 비교해보면 은행의 자기자본비율이 얼마나 낮은지 알 수 있다.

이렇게 자기자본비율이 낮으면 영업에서 손실이 크게 났을 때 부도가 날 가능성이 높아진다. 자기자본이 많은 기업은 손실이 나도 자기자본을 소진할 때까지 여유가 있지만 자기자본이 적으면 금방 바닥나기 때문이다.

그런데 은행의 부채, 즉 자금원은 전문 대출기관에서 빌려온 대출이 아니고 대부분 은행에 대한 분석을 할 수 없는 일반인들의 예금이다. 그러다 보니 은행이 흔들린다고 하면 예금주들은 자신의 예금을 못 찾게 되는 것 아닐까 하는 불안 때문에 바로 예금을 찾으려고 든다(이런 상황을 '뱅크런bank run'이라 표현한다).

이렇게 불안에 떠는 예금주들이 많아 대규모 예금 인출 상황이 발생하면 은행은 돈이 모자라 문을 닫을 수밖에 없으며 경우에 따라서는 흑자 도산도 있을 수 있다.

그러면 다시 멀쩡한 다른 은행의 예금주들도 은행이 망했다는 소식에 불안해하면서 더 안전한 은행으로 이동하기 위해 예금을 인출하게 된다. 결국 소형 은행이나 약간 불안한 은행들의 연쇄 도산이 이어진다. 바로 이 은행의 연쇄적인 도산이 대공황의 가장 큰 경제 파괴 요소였다는 사실은 잘 알려진 바다.

이렇게 실제 은행의 위험보다 소문에 의한 예금주의 불안으로 은행권이 도미노처럼 무너질 수 있는 위험을 시스템 리스크systemic risk라고 부르는데, 은행 산업에는 바로 이 시스템 리스크가 크기 때문에 은행의 위험이 일반 기업의 위험과 다른 차원의 취급을 받는 것이다.

서브프라임 사태와 잘못된 금융공학

이번 서브프라임 사태도 바로 잘못된 금융공학의 결과로 설명될 수 있다. 이미 설명한 대로 서브프라임 대출은 비우량 대출이었고 이를 모아서 만든 서브프라임 채권은 당연히 비우량 채권이었으며 부실 위험도가 높았다.

분산 투자의 위험 감소 원리와 부동산 불패론으로 무장하고 트랜치 개념이 가미돼 원금 회수의 순서를 앞으로 하면 위험이 더 줄어든다는 논리에 근거하여 서브프라임 채권이 우량 채권으로 신분 상승 하게 된 과정은 이미 앞에서 설명하였다.

이 비우량 채권의 우량화는 전형적으로 금융공학의 잘못된 적용이었다. 그 결과는 서브프라임 CDO에 이렇게 저렇게 얽힌 전 세계 금융기관의 대규모 손실과 전 세계 금융시장의 혼란이었다.

서브프라임 CDO를 사들이는 기관이나 일반 투자자는 CDO의 신용 분석과 위험 관리 기법에 대해 정보가 부족한 비대칭적 위치에 있다. 이러한 비대칭의 열세를 극복하기 위해 신용평가기관의 신용 분석으로 보완하는 금융 중개의 절차를 거쳤다.

그러나 세계적인 신용평가기관이 우량 등급을 부여했기에 수많은 금융 기관들은 별도의 검증 없이 서브프라임 CDO를 사들인 것인데 결과는 레몬, 즉 잘못된 상품을 속아서 사들인 것으로 판명되었다.

이 거대한 착각으로 인하여 서브프라임 대출에서 파생된 금융상품들이 한동안 파격적인 수익을 냈고 금융업은 막대한 부가가치를 만들어내는 황금알을 낳는 거위로 인정받기에 이르렀다.

이 막대한 이익은 월가를 위시한 전 세계 투자자들의 탐욕을 자극하면서 무한대로 확대 재생산 되어나갔다. 이 과정이 몇 번 되풀이되자 초기에는 약간 의구심이 존재하던 투자시장에서 서브프라임 CDO의 허점에 대한 불안은 완전히 무시되었다. 위험 불감증에 걸렸던 것이다.

쓰레기를 가지고 금덩어리를 만들어낸 금융공학의 위대함이 퍼져나갔고 그 결과 자본주의는 금융자본주의로 전이한다고까지 선언되었다. 이 물살에 내로라하는 금융기관들은 서브프라임 CDO에 깊숙이 빠져들었다. 그리고 이제 그 환상이 깨지고 나서 망하거나 팔리는 운명을 맞이하고 있다.

잘못된 금융공학의 말로는 이렇게 처참하다. 그리고 금융권의 시스템 리스크로 인해 이제 세계 경제는 금융 위기가 실물 경제의 위기로까지 번져가 대공황의 재판이 될까 전전긍긍하는 단계에까지 이르렀다.

금융자본주의의 허상

한때 서브프라임 CDO는 금융권에 막대한 이익을 가져다주었다. 앞서 설명한 대로 우선 기초 자산인 서브프라임 모기지 채권이 높은 이자율을 가지고 있었기에 이들의 집합인 서브프라임 MBS 역시 높은 수익률을 유지할 수 있었고 또 다시 이를 기초로 만든 CDO 역시 높은 수익률을 자랑했다.

그런데 높은 수익률의 서브프라임 CDO는 신용등급조차 우량으로 판정받았으니 채권시장에서 아주 인기 있는 상품이 된 것은 당연했다. 따라서 서브프라임 CDO는 높은 가격에 거래되었다.

이렇게 되자 서브프라임 CDO를 만들어 판매하는 투자은행은 막대한 수수료를 챙기게 되어 더욱 열심히 CDO를 생산했고 이 결과 월가의 투자은행들은 대박을 맞게 되었다.

금융공학의 성공으로 전 세계 투자시장에는 우량 등급의 채권이 무한대로 공급돼 투자 기회를 넓혀주었고, 미국 주택시장에는 모기지 융자 자금이 공급돼 집 없는 사람들에게 집을 살 수 있는 기회가 주어졌고, 투자은행 자신들은 그 대가로 막대한 수익을 갖게 되었으니 모두가 행복한 상태가 되었다.

이제 투자은행계에서는 금융자본주의의 도래라는 말까지 유

연환계에 빠진 세계
창조적 금융상품의 사슬

행하기 시작했다. 금융자본주의의 함의는, 그 이전까지 자본주의에서의 금융은 실물경제에 필요한 상품과 서비스를 생산하는 산업을 뒷받침하는 조수의 역할을 하면서 이들 실물경제의 산업에서 창출한 부가가치에서 일정 부분 수수료를 분배 받았던 데 반해 금융자본주의에서의 금융은 제조업의 조수가 아니라 그 자체가 부가가치를 창출할 수 있다는 금융 선도론이다.

그러나 서브프라임 사태가 나고 나서 돌이켜보면 이 금융 자체의 부가가치는 다름 아닌 허상이다. 실물경제보다 앞서 나간 서브프라임 채권의 팽창과 높은 수익률은 잘못된 금융공학에 의해 싸구려 보석이 최상급 보석으로 잘못 판정받은 것에서 비롯된 일종의 사기였던 것이다.

그리고 이제 금융자본주의의 허상이 깨지면서 세계는 그 후유증에 중병을 앓고 있고, 금융은 실제 경제를 이끌어가는 실물경제의 뒷받침으로서의 역할에 충실해야 한다는 현실을 다시 확인해가고 있다.

창조는 세상을 발전시키는 원동력이다. 인류의 역사는 위대한 창조로 가득 차 있다. 그리고 그 창조는 지금도 일어나고 있고 이들 창조의 힘으로 우리는 문명의 혜택을 누리며 살아가고 있다.

그러나 잘못된 창조는 인류의 발전을 가져오기보다는 퇴보와 절망을 가져온다는 역사의 사례도 많다. 이번 서브프라임 사태도 착각과 탐욕 그리고 궤변에 의한 금융공학의 창조로 인해 발생된 사건이다.

The Great Illusion

시장의 실패인가
정부의 실패인가

그 린 스 펀 의 착 각

그린스펀의
도박

01

"우리는 그린스펀을 믿는다"

줄리어드음악학교에서 클라리넷을 공부했고 색소폰 명연주자이면서 대학에서는 재즈밴드에서 활동했던 음악도를 20세기 말에서부터 21세기로 이어지는 전환기, 세계의 경제를 좌지우지했던 앨런 그린스펀과 연결시키기란 쉽지 않다. 그러나 수학이나 과학으로만 설명되지 않는 경제의 모습은 예술처럼 감성의 세계를 넘나든다는 점에서 음악도였던 그린스펀을 이해할 수 있지 않을까.

어느 날 음악에서 벗어나 뉴욕 대학에서 경제학 학사와 석사 학위를 받고 컬럼비아 대학에서 경제학 박사 과정을 밟다 중단한 그린스펀은 그 후 민간 경제 예측 기관인 컨퍼런스 보드Conference Board에서 경제 연구관으로 일했다. 그리고 타운선드-그린스펀 연구소를 운영하다 1987년 레이건 대통령에게 연방준비제도이사회 의장으로 지명받는다. 1974년부터 1977년까지 포드 대통령 시절 백악관 경제자문회 의장으로 재직했던 인연이 작용한 것으로 해석된다.

음악인으로서의 성품을 간직해서였는지 그린스펀 의장은 경제에 관해 연설할 때마다 상당히 애매모호한 화두를 사용해 경제계가 진정한 뜻을 파악하는 데 진땀을 흘리게 했다.

1996년에 거론한 '비이성적 과열irrational exuberance'이라는 표현은 세계 경제의 거품을 겨냥한 경고로 해석되면서 투자시장을 벌벌 떨게 만들어 단기 투기 자금들이 스스로 투자 회수를 하게 만들었으며, 아시아 지역의 IMF 환란 사태를 가져오는 데 기폭제가 되었던 사건으로 그의 예술적 표현이 불러온 충격의 한 예이다.

의장으로 임명되던 1987년, 유명한 블랙먼데이 증시 대폭락 사태가 발생하는데 이 사태를 잘 처리하면서 그린스펀 의장은 영향력과 명예를 구축하기 시작한다. 그 이후에도 1990년 초반의 경기 침체와 부동산시장 문제를 해결했고, 2000년 초 나스닥 거품 붕괴, 그리고 이어진 2001년의 9·11 사태와 2002년의 엔론 등 대형 회사들의 회계 부정 사건들이 경제의 큰 추락으로 연결되지 않도록 조정해나간다.

이렇게 20세기 후반 굵직한 경제 사태들을 연속적으로 처리해나가자 전 세계 경제계는 그린스펀의 금융 정책과 리더십을 절대적으로 지지하는 단계에까지 이른다. 이 절대적인 믿음은 그린스펀 의장을 신격화하는 농담으로까지 이어지면서 1990년대 말부터는 미국 주화에 새겨져 있는 '우리는 신을 믿는다In God, We Trust'를 '우리는 그린스펀을 믿는다In Greenspan, We Trust'로 바꾸어 이야기하는 것이 유행하기도 했다.

규제는 적을수록 좋다

그린스펀은 철저한 시장경제주의자다. 시장경제주의는 자유방임주의laissez-faire와 동일시되기도 하는데 시장경제주의자들은 경제를 시장의 자유경쟁에 맡겨놓을 때 가장 효율적이라는 가설을 믿는다.

경제는 자원의 효율적 분배가 가장 중요한 목표다. 우리가 생활에서 필요로 하는 상품이나 서비스는 더 싼 가격에 더 많이 공급될수록 좋다. 그 필요로 하는 정도는 상품이나 서비스에 따라 다르다. 더 많이 필요로 하는 것이 있고 그렇지 않은 것이 있다. 이렇게 필요한 재화를 더 많이 만들어내면서 필요의 정도에 따라 우선순위를 달리하는 능력이 한 사회의 능률을 결정하고 궁극적으로 생활수준을 달리한다.

효율성과 우선순위를 잘 관리해야 하는 이유는 자원의 유한성 때문이다. 만약 인간 사회가 필요로 하는 재화를 만드는 데 필요한 자원이 무한하다면 경제는 효율성을 따지지 않아도 된다. 언제나 필요한 상품이나 서비스가 주어진다면 굳이 효율적으로 상품을 만들지 않아도 된다는 말이다.

그러나 인간의 필요는 무한히 커져가고 반면에 이를 충족시켜주는 데 쓰여야 할 자원은 한정돼 있다. 이 욕구나 필요와, 자원 사이의 불균형 때문에 자원의 분배가 필요하다. 즉 유한한 자원을 가지고 무한한 욕구를 다 충족시켜주지 못할 때 어떤 욕구부터 먼저 충족시킬 것인가를 정할 수밖에 없다.

어려운 이론 같지만 쉽게 예를 들어보면 이해가 빠를 것이다. 20명의 어린이가 모여 있는데 점심시간이 되어 배가 고프다. 보통은 한 아이가 한 개의 빵을 먹으면 허기를 만족스럽게 해결한다. 그런데 지금 가진 빵은 10개밖에 없다고 하자.

이 때 빵 열 개를 나누는 방식은 여러 가지가 있다. 공평하게 10개의 빵을 반으로 쪼개 20명이 반 개씩 먹는 방법도 있고, 가위바위보로 이긴 사람 10명을 골라 빵 한 개씩 주고 나머지 10명은 굶는 방법도 있다.

보다 구체적이고 정밀하게 접근하면 상황은 더 복잡해진다. 이 20명의 어린이 중에는 빵을 두 개 먹어야 하는 아이도 있고 3분의 1만 먹어도 충분한 아이도 있을 것이다. 또 평소에 영양 상태가 좋아 한 끼쯤 굶어도 괜찮은 아이가 있고 조금이라도 먹지 않으면 곧 쓰러질 아이도 있다.

이렇게 복잡한 빵에 대한 필요를 놓고 10개의 빵을 어떻게 나누어줄 것인지를 해결하는 과정이 바로 경제다. 빵이라는 자원의 분배를 어떻게 하는 것이 20명 어린이들의 종합적 만족도를 가장 높이느냐를 판단하고 이 중 가장 좋은 방식으로 나눠주는 방법을 결정하는 행위가 경제 행위가 된다.

자본주의가 등장하면서 유한한 자원을 분배하는 방식 중 가장 좋은 방식으로 자본주의는 시장경제 원리를 주장했다. 시장경제 원리는 자원은 필요로 하는 사람들끼리 경쟁해서 분배될 때 전체 사회에서 보면 가장 효율적인 분배가 된다는 믿음이다.

20명의 어린이들에게 빵 10개를 분배해야 할 때, 자본주의에서는 20명의 어린이들에게 경쟁을 시키면 가장 필요로 하는 어린이부터 빵을 가져가고 가장 필요가 없는 어린이는 안 가져 가게 돼 집합적인 만족도가 가장 높아질 것이라고 생각한다.

이 경쟁은 어린이의 경우라면 닭싸움을 시키는 방법도 있고 가위바위보로 하는 방법도 있겠지만 일반 사회에서의 경쟁은 가격으로 이루어진다. 가장 절실히 필요로 하는 사람은 가장 높은 가격을 지급할 것이고 필요 없는 사람은 가장 낮은 가격을 지급하려고 할 것이다. 20명의 어린이 중 배가 고픈 순서대로 가장 높은 값을 지급하게 되면 10개의 빵은 가장 배가 고픈 첫 10명의 어린이가 나머지 10명의 어린이들보다 높은 값을 치르고 먹게 된다.

결과를 계산해보자. 20명의 어린이 중 가장 배고픈 어린이들은 빵 한 개당 1,000원을 낼 의사가 있고 나머지 10명은 500원만 낼 정도라고 가정하자. 이 때 빵 한 개를 사려고 지불하겠다는 돈은 그만큼의 만족도와 동일하다. 만족도가 그만큼 되기 때문에 그만큼의 돈을 낸다는 원리다.

이 때 가격에 따라 빵을 1,000원을 내겠다는 10명의 어린이에게 팔고 나머지 10명은 빵을 못 사먹었다고 하면 10개의 빵은 하나에 1,000원씩 받아서 1만원을 만든다. 이 말은 다시 말하면 20명의 어린이 전체로 보면 1만원에 해당하는 만족도를 가져온 것이다.

반면에 빵을 반으로 쪼개 20개를 만들어 어린이들이 지급하겠다고 하는 돈의 반만 받고 20명 전체에게 팔았다고 하자. 그러면 1,000원을 지급하겠다고 했던 10명은 500원에 반쪽을 사게 되고 500원을 지급하겠다고 했던 어린이들은 250원에 반쪽을 사먹게 된다. 이를 합하면 10명에게 500원씩 받아서 5,000원이 생기고 나머지 10명에게는 250원씩 받아서 2,500원이 생기므로 둘의 합계는 7,500원이 된다.

앞의 경우는 1만원의 만족도를 만드는데 뒤의 경우는 7,500원의 만족도만 만들어냈으니 사회 전체적으로 만족도의 창출에 있어 앞의 경우가 유리하다. 바로 이 주장이 가격에 의한 경쟁으로 시장이 움직일 때 그렇지 않은 경우, 즉 빵을 반으로 쪼개 모두에게 반씩 나눠준 경우보다 사회 전체의 만족도가 올라간다는 자유방임형 시장경제의 원리이다.

그리고 후자와 같이 자유스러운 시장경제의 원리에 맡기지 않고 어느 특정인의 생각에 의해 자원을 배분하는 방식을 계획경제라고 부른다. 계획경제는 시장경제의 가격 경쟁 원리가 조작과 군중의 순간적인 판단력 부족, 그리고 상대적으로 유리한 위치에 있는 기득권의 힘 등으로 인해 공정하게 이루어지지 않기 때문에 시장경제 주장처럼 사회의 만족도를 최상으로 가져올 수 없다고 주장한다. 따라서 계획경제 주장자들은 정부와 같은 관리자가 있어 사회의 공정성을 항상 감시하고 더 나아가 자원의 분배도 결정해야 한다고 믿는다.

시장경제이론은 자유방임적 자본주의를 꽃피웠고 계획경제이론은 공산주의를 만들어냈는데 그 이후 공산주의의 대표 격인 소련이 무너지고 중국이 자본주의를 받아들임으로써 시장경제가 승리한 것으로 받아들여지고 있다.

그러나 아직도 여러 분야에서 과연 무한한 경쟁원리를 적용하는 자본주의가 가장 효과적인가에 대해서는 끊임없이 논란이 계속되고 있고, 자본주의조차도 정부가 어디까지 역할을 해야 하는 것이 최적인가에 따라 극우보수주의부터 진보적 자본주의까지 다양해 어느 하나로 시장경제의 원리가 규명되지는 않는다.

그린스펀은 시장경제의 원리에 더 충실할수록 좋다는 신념을 가진 보수주의자라고 할 수 있다. 가급적 정부는 관여를 안 해야 하고 규제는 적을수록 좋다는 것이 그의 경제 철학이다. 그린스펀의 시장주의적 경제 철학은 금융계의 변화에 많은 영향을 미쳤다.

글래스-스티걸 법안의 폐지

앞서 금융계의 규제 완화로 자산가치 폭등과 위험 불감증을 불러와 대형 거품을 만들었고, 그 거품이 꺼지면서 경제가 큰 혼란에 빠진 결과가 대공황이라고 분석했다.

그 결과 금융계의 규제는 경제의 안정적 성장을 위한 필수 요소로 인정돼 1933년 그 유명한 글래스-스티걸 법안Glass-Steagall Act이 제정된다. 글래스-스티걸 법안이 금융계의 안정에 기여하고자 시도한 내용은 방대하다. 그 중에서 가장 의미 깊고 법 제정 이후 미 금융계에 오랜 기간 영향을 미친 내용은 세 가지이다.

첫째는 연방예금보험공사Federal Deposit Insurance Corporation,' FDIC 의 창설과 이에 따른 예금에 대한 보증 기능이다. 대공황 이후 9,000여 개의 은행이 문을 닫게 되는데 이들 중 상당수는 손실의 누적 때문에 적자 도산을 했다기보다 공포에 사로잡힌 예금 주들의 예금 인출 사태로 인한 유동성 부족으로 문을 닫았다.

연방예금보험공사와 예금보험은 은행이 망해도 예금은 정부가 보장해준다는 신뢰를 심어줌으로써 금융 위기 시 예금의 대량 인출 사태를 방지하기 위해 만들어졌다. 보험액은 재산가치 상승에 맞춰 처음 5,000달러에서 시작해 1980년에 이르러

10만 달러까지 올랐다. 최근 금융 위기 구제책으로 한시적으로 보험 한도를 25만 달러로 올렸고 중소기업 당좌예금에 대해서는 금액에 한도를 두지 않고 보증해주고 있다.

둘째는 Q법안Regulation Q이라는 이자율 경쟁 금지 법안이다. 이 법안은 연방준비제도Federal Reserve에 저축성 예금의 이자율을 규제하는 권한을 부여했다.

은행들이 자산가치가 급등하는 거품 시기에는 막대한 수익을 올릴 수 있기 때문에 예금 쪽의 이자율을 마구 올려 계속 투자 자금을 끌어들이고 그 돈으로 투기에 뛰어든다. 이렇게 투기성 자금이 은행권으로부터 몰려들다 보니 투기는 더욱 성행하게 되고, 막상 거품이 꺼질 때에는 대공황과 같은 소용돌이에 휘말리게 되었다는 분석에 따라 자금줄의 비이성적 확대를 막고자 은행이 저축성 예금에 지급하는 이자율을 규제한 것이다.

이 Q법안은 1980년 예금기관 규제 완화와 통화 관리법 Depository Institution Deregulation and Money Control Act에 의해 폐지된다. 1980년대의 저축대부조합들이 대거 문을 닫게 되는 사태의 원인 중 하나로 이 법안의 폐지로 인한 무분별한 이자율 경쟁이 지적되고 있고, 반대로 그 이전까지의 금융 안정은 이자율 제한에 힘입은 바 크다는 분석이 주를 이루고 있다.

셋째는 은행지주회사가 다른 금융기관, 예를 들면 투자은행이나 보험회사, 부동산회사 등을 소유하지 못하게 한 은행과 여타 금융기관 분리 규정이다.

은행권은 예금을 갖고 있는 기관이고 다른 금융기관은 예금이 아닌 투자금이나 차입금으로 운영을 하는 기관이라 본질적으로 경제계에 미치는 영향이 판이하게 다르다. 예금을 갖고 있는 은행이 잘못되면 예금주들의 불안이 커져 은행권 전체의 불안으로 확대돼 은행 기능이 마비될 수 있다. 반면에 투자금이나 차입금으로 운영되는 투자은행 같은 금융기관은 그 자체의 파산이 경제 전체에 파급되는 영향력이 상대적으로 작다.

따라서 예금을 가지고 있는 은행은 훨씬 보수적으로 운영해야 하고 그에 맞춰 은행에 대한 감독도 강화되어야 경제 안정이 보장된다는 결론을 갖게 되었고 그리하여 은행과 여타 금융기관의 분리안이 시행되었던 것이다.

그러나 글래스-스티걸 법안이 시행되었던 1933년으로부터 66년이 지난 1999년 미국 의회는 압도적인 표차로 이 법안을 폐지하고 그램-리치-블라일리 법안, 짧게는 GLB 법안Gramm-Leach-Bliley Act을 통과시킨다.

이 GLB 법안으로 인해 예금을 받는 은행과 그렇지 않은 금융기관의 영역 구분이 없어지고 다시 금융권은 1929년 이전으로 돌아간다 (물론 이 법안을 제안하고 찬성한 사람들은 결코 GLB

법안이 과거로의 회귀가 아니고 금융 선진화였다고 외치고 있다).
그리고 이번 서브프라임 사태의 배경에 GLB 법안이 있었다는
지적이 나오고 있다.

그린스펀의 경제관은 바로 이 GLB 법안의 통과에서 뚜렷하
게 나타났다. 자유방임적 시장경제 이론을 신봉하는 그린스펀
은 금융계를 무한 경쟁으로 끌고 가는 GLB 법안을 적극 주도
했고 이 무한 경쟁이야말로 금융계의 경쟁력을 키워 경제 발전
을 가져온다는 논리를 전개했다.

당시 GLB 법안을 통과할 때 많은 우려가 제기되었던 파생
상품시장에 대한 규제 완화 문제에 대해 그린스펀은 가장 고도
의 금융상품인 파생상품을 규제한다는 것은 시대를 역행할 뿐
만 아니라 금융계의 발전을 저해해 경제에 걸림돌이 될 것이라
는 의견을 갖고 있었다.

결과는 탈규제 후 세계적인 금융 위기인 서브프라임 사태를
가져왔다. 물론 금융계 탈규제 법안이 바로 서브프라임 사태를
가져온 직접적 원인이었다고 결론 짓기에는 아직 시간이 이르
고 학계의 연구도 충분히 이루어지지 않았다.

그러나 대공황의 재발을 막자고 만든 법안이 폐지된 후 그
에 버금가는 금융 사태가 났다는 점에서 일단 GLB 법안은 의
심을 피할 수 없고 이 법안 제정을 주도한 그린스펀도 책임에

서 자유로울 수 없다고 하겠다.

그린스펀 풋

자유방임적 시장경제관과 함께 미 금융계에 큰 영향을 미친 그린스펀의 경제 운용 원칙으로 '그린스펀 풋Greenspan Put'이라 는 개념이 있다.

원래 풋Put이란 주식시장에서 거래되는 옵션 계약으로 미래 에 정해진 가격에 주식을 사주겠다는 계약이다. 지금 15달러 인 시티은행의 주식을 가진 투자자가 앞으로 이 주식 가격이 떨어질 것을 염려해 이 주식 가격이 얼마나 더 떨어지든 상관 없이 10달러에 팔 수 있는 권리를 사는 것이 풋 거래이다.

이 투자자는 시티은행의 주식 가격이 시장에서 아무리 떨어 져도 10달러에 팔 수 있는 권리가 확보돼 있으니 최악의 경우 라도 가치가 10달러에 고정된다. 이 경우는 앞으로 1달러, 2달 러까지 떨어질 위험을 각오하는 투자자보다 더 적극적으로 시 티은행 주식에 대해 투자할 수 있다. 하락 위험의 한도가 정해 져 있기 때문이다.

그린스펀 풋은 바로 이 주식 옵션 개념을 그의 주식시장 구제 정책에 빗대어 만들어낸 개념이다. 그린스펀은 연방준비제도이사회 의장으로 있으면서 1987년 블랙 먼데이 주식 폭락, 1990년대 초의 걸프전쟁, 94년의 멕시코 페소화 폭락 사태, 97년의 아시아 환란 사태, 98년 롱텀캐피털 사태, 99년의 Y2K 위험, 2000년의 나스닥 붕괴, 2001년의 9·11 테러와 2002년 회계 부정 사건이 있을 때마다 이자율을 급격히 내리고 유동성을 공급해 주식시장을 구제해주었다.

그러다 보니 투자시장에서는 주식시장이 어려울 때마다 그린스펀이 구제해줄 것이라는 믿음이 생겨났고 이 믿음은 마치 풋 옵션을 산 사람이 바닥 가격이 정해져 있다는 안심과 똑같다 해서 그린스펀 풋이라고 이름 붙여진 것이다.

이 그린스펀 풋으로 인해 당시에는 주식시장이 안정을 찾았지만 결국 시장의 위험에 대한 안이함을 낳아 위험 불감증을 키웠다. 그 결과 투기 심리가 팽배해지고 자산가치가 폭등해서 거품을 조장했다는 비판을 받기 시작했고 결국에는 엄청난 파급효과를 지닌 서브프라임 사태까지 이른 것으로 분석되고 있다.

서브프라임 사태와 그린스펀

2001년 9·11 테러 사태와 2002년 엔론 등의 기업 회계 부정 사태는 미국 경제에 큰 충격을 주었다. 이를 극복하기 위해 그린스펀이 이끄는 연방준비제도이사회는 은행 간 적용되는 기준 금리를 1%까지 낮추어 초저금리 시대를 열었다.

이 초저금리는 부동산 시장을 자극해 부동산 가격 상승을 몰고 왔으며 그에 따라 주택 건설 경기가 활성화되고 상승한 집값 덕분에 주택담보대출이 늘어남에 따라 소비도 증가해 미국 경제는 호황기를 구가한다. 그러나 이 초저금리는 건전한 부동산 시장의 발전에 근거한 경제 성장을 유도했다기보다는 투기를 조장해 결국 서브프라임 사태를 초래했다는 비판을 받고 있다.

이 비판에 대해 그린스펀은 초저금리로 인해 부동산 거품이 생긴 사실은 인정하면서도, 2005년이나 2006년이 지날 때까지 부동산시장에 거품이 있다고 판단할 수가 없었다는 설명으로 당시 정책 당국자로서 미리 방지할 수 없었다는 면책론을 펴고 있다.

그리고 연방준비제도이사회는 단기 금리인 은행 간 금리는 조정할 수 있어도 부동산시장을 좌우하는 장기 금리는 시장 경제에서 나타나는 현상이기 때문에 초저금리가 부동산 시장의 투기를 부추겼다는 논리도 전적으로 수용할 수 없다는 방어 논리를 펴고 있다.

더 나아가 비록 그의 시장경제 원칙이 파생상품에 대한 규제 완화를 확대함으로써 서브프라임 사태의 주역인 모기지유동화채권과 CDO를 난립하게 했다는 지적에 대해서도 그 반대의 계획경제식 중앙통제가 공산권에서 이미 실패했다는 반론을 펴고 있다.

그러나 이러한 그린스펀의 반론과 방어에 대해 비판론자들은 공격을 늦추지 않는다. 우선 주택시장을 좌우하는 장기 금리에 대해서는 연준이 통제할 수 없기 때문에 초저금리가 주택시장 거품을 조장했다고 할 수 없다는 그린스펀의 주장에 대해 그린스펀의 책임이 있다고 주장한다.

그린스펀은 현업에 있을 당시 글로벌화로 인해 전 세계적으로 생산 가격이 내려가고 있어 인플레이션 압력이 줄어들고 있다는 견해를 폈다. 여기에 더 나아가 미국의 생산성 증가 또한 인플레이션 압력을 줄이고 있다고도 했다.

이러한 그린스펀의 이론적 주장은 전 세계 금융권에 장기적 물가 상승의 압력이 거의 없다는 기대감을 갖게 해 초저금리인 단기 금리와 함께 장기 금리의 인하를 조장했고 이로 인해 부동산시장의 이자율 하락을 부추겼다. 장기 금리가 시장에서 결정되기는 하지만 그린스펀이 장기 금리가 낮아지도록 유인했기 때문에 책임이 없다는 그의 주장은 타당성을 찾기 힘들다.

이에 더해 그린스펀은 2004년에 주택 융자를 변동이자율로 받기를 권장해 나중에 이자율이 올라가면서 월 상환금이 늘어나는 원초적 문제의 씨앗을 심었다. 심지어는 서브프라임 시장의 발전이 주택 구입을 할 수 없었던 사람들에게도 주택을 구입할 수 있는 길을 열어주었다고 찬사를 보내기까지 했다.

파생상품 시장에 대한 규제를 하면 시장경제의 핵심인 창의력이 죽고 효율성이 줄어든다는 그린스펀의 주장에 대해서는 이미 대공황에서 금융의 규제가 제대로 이루어지지 못할 때 투기가 얼마나 커질 수 있는가는 검증된 바 있어 시장경제에서도 금융권만은 투기 조장의 위험을 피하는 수준의 규제가 필요하다는 보완론을 무시한 처사라는 반론이 제기되고 있다.

마지막으로 부동산시장의 거품이 이 정도까지 커지리라는 사실을 2005~6년까지 인지하지 못했다는 그린스펀의 발언은 금융계와 경제의 수장으로 예지력과 판단력이 부족했다고 해석될 수밖에 없다. 더구나 이미 2003년부터 수많은 경제학자들이 집값 거품을 경고하기 시작해 금리를 빨리 올려야 한다고 했는데도 자신은 인지를 못했다고 하면 너무 자신의 아집에 빠지지 않았나 하는 지적도 피하기 어렵다.

속죄양인가 주동자인가

음악인에서 경제 전문가로 변신한 그린스펀은 세계 경제를 이끄는 수장에 올랐을 뿐만 아니라 레이건 대통령부터 시작해 네 명의 대통령의 추천을, 그것도 공화당과 민주당 양당 대통령들의 의심 없는 추천을 받아 명실상부한 최고의 권위를 구가한 경제 대통령이었다.

여러 번의 경제 위기를 적절한 유동성 공급으로 무난히 넘기면서 그는 '우리는 신을 믿는다' 라는 미국 화폐의 표현이 '우리는 그린스펀을 믿는다' 로까지 바뀌어 회자될 정도로 그는 거의 신의 반열에 올랐다고 할 수 있다.

그러나 은퇴 전 마지막 경제 성장기를 이끌었다고 해서 화려히 퇴장했으나 투기를 방조함으로써 서브프라임 사태를 몰고 왔다는 평가에서부터, 이제 과연 이번 금융 위기가 그의 책임인가 아니면 어쩔 수 없이 찾아온 자본주의 경제의 사이클인가를 놓고 공방이 벌어지고 있다.

어쩌면 그린스펀의 주장대로 그는 속죄양일 수도 있다. 경제를 장기적으로 성장시키는 데는 자유방임적 시장경제의 원리를 통한 무한 경쟁을 도입함으로써 창의력을 키우고 시장 효율성을 올리는 것이 최선이지만 이를 위해서는 때때로 나타나는 금융시장의 파국Financial Discontinuity은 어쩔 수 없는 부작용일 수도 있을 것이다. 이런 각도에서 보면 그는 속죄양이다.

그러나 시장경제의 발전을 위해 겪어야 하는 금융시장의 파국이 대공황 수준이라면 얘기는 달라진다. 그 폐해는 너무나 크고 고통은 수많은 사람들이 감내할 수준을 넘어서는 재앙이기 때문이다.

그때는 시장경제 발전을 약간 더디게 하더라도 시장 안정을 위해 보완책을 시행해야 한다. 이 교훈은 이미 대공황 때 뼈저리게 경험했다. 그 이후 금융계의 안정을 저해하는 정책은 모두 규제되었다.

그린스펀은 대공황의 교훈으로 만들어진 보안장치인 글래스-스티걸 법안을 1999년 완전히 무장 해제시키는 데 앞장섬으로써 금융시장의 안정을 걸고 도박을 한 인물로 평가될 수밖에 없다. 그런데 지금 금융 위기를 수습하는 내용을 보면 결국 1933년의 글래스-스티걸 법안의 정신과 거의 같아지고 있다. 이렇게 되면 그린스펀의 도박은 역사에서 배운 교훈을 무시한 위험한 도박으로 판명날 것이다.

이렇게 역사의 교훈을 무시한 위험한 도박사였다면 그린스펀은 속죄양이 아니고 사태의 주동자로 기록될 것이다. 그리고 너무 많은 권한이 주어지고 너무 오랜 기간 권좌에 있어 스스로를 지나치게 과신해서 역사 앞에 너무 자신만만했던 오만도 함께 지적될 것이다.

신용 관리 시스템의 붕괴

02

유동성과 금융 정책

1987년 블랙먼데이 이후 미국 연방준비제도이사회는 경제에 악영향을 줄 수 있는 악재가 생길 때마다 유동성을 늘려 대응해왔다. 유동성을 늘린다는 것은 이자율을 인하하고 금융권에 자금을 더 공급해주는 것을 말한다.

유동성 증가로 경제를 조정하는 원리는 이렇다. 이자율이 낮아지면 소비자는 싼 이자 덕택에 돈을 빌려 소비를 더하게 되고 소비가 늘면 기업은 생산을 늘리기 위해 고용을 늘리고 시설투자를 더 하게 된다. 이 때 금융기관은 유동성, 즉 돈이 늘어나 대출을 더 해줄 수 있게 된다. 소비자와 기업은 돈을 더 빌려 쓰고 은행은 돈을 더 빌려주는 선순환이 일어나면서 경기는 활성화된다.

그러나 경기가 너무 활성화되면 점차 자원의 가격이 올라간다. 소비가 많아지니 원자재가 더 필요해 원자재 가격이 오르고 기업은 고용을 늘리다 보니 인력이 부족해지면서 임금 인상에 대한 압력이 올라간다. 이렇게 자원의 가격이 올라가면 물가 상승의 압력이 거세지게 되고, 그러면 금융당국은 물가를 잡기 위해 이자율을 올려 유동성을 줄이게 된다.

이자율이 올라가면 돈을 빌려 소비를 늘렸던 소비자는 돈을 빌리는 것이 제한되니 자연히 소비가 줄고 그에 따라 기업은 매상이 줄고 빌린 돈에 대한 이자도 많이 내야 하므로 생산 투자를 늘리지 않게 된다. 그러다 보면 고용도 늘지 않아 실업률이 올라가면서 경제의 과열 현상이 가라앉게 된다.

유동성으로 경제를 조절하려면 어느 시점에서 유동성 과잉이 되고 경제가 과열되는가를 잘 파악해야 한다. 이것이 과열이냐 적절하냐 하는 것은 그 경제의 잠재 성장력에 달려 있다. 잠재 성장력이란 그 경제의 생산 주체가 무리를 하지 않고 생산할 수 있는 최대 능력을 말한다. 잠재 성장력은 개인에게 비유해보면 한 사람이 생산할 수 있는 최대량을 말하는데, 이보다 많이 생산을 하려면 몸에 무리가 가서 몸살이 날 수 있고 이보다 적게 생산하면 노는 시간이 있게 되어 생산 효율에 문제가 된다고 할 수 있다.

그런데 경제가 너무 잘 돌아가다 보면 어느 순간 이 잠재 성장력을 넘어서까지 생산을 하게 된다. 그러면 처음에는 잘 모르지만 얼마 지나지 않아 경제의 생산 주체인 노동자와 기업이 지치게 된다. 이때부터 노동자들은 너무 힘들다고 생각하며 더 많은 임금을 원하게 되고 기업 역시 제품이나 서비스에 이를 반영하여 물가는 상승하게 된다.

금융 당국의 역할은 바로 이런 경제를 너무 지치게도 하지 않고 또 너무 쉬지도 않게 하는 데 있다. 때로는 마치 운동선수의 영양관리사와 같이 운동선수가 최상의 컨디션을 유지할 수 있도록 적절하게 영양을 공급해야 한다. 만약 너무 적은 영양분을 공급하면 선수가 힘이 없어 시합에서 제 힘을 발휘하지 못한다. 반대로 너무 많은 영양분을 주면 지나치게 체력을 소모하다 병이 난다. 경제도 모자라면 경기 침체를 겪고 너무 넘치면 물가 상승의 병을 앓게 된다.

경제에 있어서 유동성은 바로 이 영양분과 같다. 경제가 잠재성장률에 가깝게 생산할 수 있도록 적당히 영양분을 공급해

인플레이션도 없고 경기 침체도 없는 상태를 유지해야 한다.

유동성 관리의 어려움

시중에 유동성이 늘어나는 속도가 그 나라의 경제성장률과 같은 속도를 유지하면 인플레이션도 없이 경제는 건강한 성장을 하는 아주 이상적인 결과를 가져온다.

한 국가의 경제 성장은 크게 생산성의 향상과 인구 증가라는 두 가지 힘에 의해 이루어진다. 인구 증가에 대해서는 간단하게 이해가 될 것이다. 생산성이 늘어나는 원인을 살펴보면 여러 가지가 있다.

우선 획기적 신기술 개발이 생산성 향상에 기여한다. 산업혁명이 생산성을 급격히 올려 유럽 경제를 단숨에 급성장 시킨 경우가 좋은 예다.

둘째, 유휴 노동력이 생산에 참여하면 생산성이 올라간다. 한국의 1960년대와 70년대의 성장과 최근 중국의 성장이 이에 해당한다.

마지막으로 유동성, 즉 돈이 생산성을 올리는 데 기여할 수 있는지에 대해서는 여러 의견이 있지만 대체적으로 긍정적인 쪽으로 의견이 기울어 있다. 돈이 늘어나면 첫째, 기업이 시설을 확장해서 고용을 늘릴 수 있어 유휴 노동력이 많은 국가의 경우에는 생산성을 올릴 수 있다. 한국이나 중국의 개발 도상기에 외화 자금이 많이 들어와 생산시설이 늘어나면서 고성장을 구가할 수 있게 된 경우가 유동성 증가가 생산성 증가에 기여한 예다.

또 유동성 증가는 신기술 개발을 촉진한다. 유동성 증가는 신기술 개발에 대한 투자도 늘리지만, 신기술 개발에 성공했을 때 경기 활성화를 통해 성공의 대가를 높일 수 있기 때문에 신기술 개발을 돕고 그 결과 생산성을 올리는 데 기여한다. 주식시장의 발전은 새로운 기업의 혁신과 성공을 자극하고 새로운 아이디어를 가진 기업의 도전 정신을 고취시킨다. 주식시장의 발전은 유동성의 증가에 많이 연관돼 있어 유동성의 증가가 신기술 개발을 촉진시킨다고 할 수 있는 것이다.

생산성이 늘어나면 국민소득이 오르고 소득이 오르면 소비가 늘고 생활수준이 높아진다. 소비가 늘면 기업의 수익이 좋아지고 기업의 규모가 커지면서 기업 가치 또한 커진다. 기업 가치가 늘면 기업의 주가도 오른다. 자산가치 상승이다. 생활수준이 높아지면 주거 생활의 질도 올라가면서 주택이 고급화하고 주거지역의 환경, 즉 치안과 조경 그리고 편의시설 등이 좋아진다. 이러한 고급화는 주택 가격을 끌어올려 자산가치를 상승시킨다.

이렇게 생산성이 올라 소득이 오르고 높은 소득으로 소비가 늘고 생활수준이 높아져 이와 연관된 자산들, 즉 주식과 부동산 가격이 오르는 현상은 바람직한 선순환 구조이고 경제 당국이 추구하는 목적이다.

그러나 생산성 증가에 기인하지 않고 자산가치가 오르는 경우가 있다. 유동성만으로 오르는 현상으로 흔히 유동성 장세라고 부른다.

앞서 유동성 증가는 생산성 향상을 촉진할 수 있다고 했다. 그리고 유동성은 생산성의 증가가 국민경제를 성장시키는 수준만큼 증가하면 건강하다고 했다. 그런데 이 수준을 맞춘다는 것이 너무 어렵다. 경제가 수학이나 자연과학처럼 딱 맞아떨어지는 공식이 없고 인간의 심리라는 측정 불가능한 변수가 개입되다 보니 변화를 예측하기가 너무 어렵고 대부분 어느 정도 편차나 오류가 생기게 된다. 이런 측정 불가능의 한계로 인해 때로는 유동성 관리가 잘못돼 유동성 과잉이 되는 경우가 많다.

여기에 유동성 관리를 어렵게 하는 또 하나의 주요 변수가 있다. 바로 금융 산업 자체의 창의적 개발이다.

화폐경제가 발전한 현대자본주의에서는 은행이 통화를 확대하는 역할을 한다. 즉 정부가 1억 달러의 돈을 찍어내면 은행에서는 이 돈을 몇 배로 확대하여 첫 1억 달러가 7억 달러, 8억 달러까지 늘어난다. 이를 승수효과multiplier effect라고 부른다. 그래서 금융당국은 유동성을 관리할 때 이 승수효과를 고려해서 그 양을 정하는데 금융계도 계속 발전을 하다 보니 승수효과가 금융당국의 예상보다 훨씬 커지는 경우가 종종 있다.

이렇게 승수효과를 급격히 끌어올린 금융 산업의 창의적 개발로는 개인당좌예금, 신용카드와 같은 결제 방식의 개발도 있고 이번 서브프라임 사태의 주역인 모기지유동화채권이나 CDO 같은 대출에서의 개발도 있다.

어떤 이유로든 금융 당국이 유동성 예측을 잘못해 유동성이 예상보다 급격하게 상승하면 떠도는 돈이 생기게 된다. 예측이 잘못되었다는 말은 그 경제 단위의 생산성 증가보다 더 높은 수준의 유동성 증가가 발생했다는 뜻이다. 이 떠도는 돈은 투자처를 찾게 되고 이 투자처에 남는 유동성이 몰리면 가격이 올라가게 된다. 이를 두고 유동성 장세라고 한다. 유동성 장세는 주로 주식이나 부동산에서 많이 보이지만 원자재와 귀금속 등에서 생기기도 한다.

유동성 장세와 투기

　유동성 장세로 가격이 오르면 그 이유를 합리적으로 설명하기 어렵다. 생산성이 오르고 그로 인해 소득이 올라 소비가 늘어 기업이 성장하고 이익이 커져 주가가 오르거나, 생활수준이 올라 주택 가격이 오르는 것이 아니라 단지 돈이 갈 곳이 없어 몰리게 돼 가격이 오르니 어떤 경제 원리로 설명할 근거가 약하다는 뜻이다.

　그런데 이런 근거가 별로 없는 가격 상승은 어느 정도 시간이 지나면서 대부분 열기가 식게 돼 별일 없이 지나가지만 반대로 오랜 기간 상승을 유지하면 그 자체의 생동력을 갖기 시작한다. 사면 오른다는 논리가 가격 상승을 정당화하고 이 논리에 빠진 새로운 투자자들이 가세하기 시작하면 더 오르고, 더 오르니 계속 오를 것이라는 자기 합리화가 지배하는 것이다.

　이 오르기 때문에 투자한다는 논리는 다름 아닌 투기의 시작이다. 자산가치의 원래 기초를 무시한 채 단지 지금까지 올랐으니 더 오를 것이라는 스스로의 논리로 투자하는 행위가 바로 묻지 마 투자이고 이것이 투기의 실상이다.

　이솝 우화에 보면 토끼가 자다가 사과가 떨어지자 놀라서 도망가면서 벌어진 일들에 대한 이야기가 있다. 이 토끼는 너무 놀라다 보니 무슨 소리인지 확인도 하지 않고 처음 만난 여우에게 큰일이 났다고 하고 이에 여우도 놀라 같이 도망가고, 그 다음에 만난 동물에게 토끼와 여우가 같이 얘기하니 그 다음 동물도 덩달아 도망간다는 내용이다. 그러다 마침내 동물의 왕 사자한테까지 가게 되는데 사자가 침착하게 확인해보자 단지 사과가 떨어진 단순한 일이었음을 알게 된다는 싱거운 이야기다.

그런데 이 싱거운 사건이 유동성 장세에 의한 투기와 비슷하다. 누군가 그냥 투자를 시작했는데 가격이 오르니 왜 그런가 파악도 하기 전에 흥분을 하고 그 소식은 입에서 입으로 계속 전해져 효과가 커지는데 알고 보면 단지 갈 곳이 없는 돈이 몰려서였을 뿐이라는 허망한 거품으로 끝나고 만다.

유동성 장세의 끝, 서브프라임 사태

이제 유동성 장세란 개념은 생산성 증가가 뒷받침되지 않고 잘못 측정되거나 통제를 못해 필요 이상으로 늘어난 유동성이 몰리면서 투자 자산의 가치가 상승한 현상으로 정의를 할 수 있다.

시장의 실패인가 정부의 실패인가 |
그린스펀의 착각

이번 서브프라임 사태는 바로 이 유동성 장세의 대표적 예로 판명되었다. 앞서 설명했듯이 2000년의 나스닥 붕괴 후 경기가 침체에 빠지자 서서히 유동성을 늘리기 시작한 미국 연방준비제도이사회는 2001년의 9·11 사태와 2002년의 엔론 등이 연루된 회계 부정 사건으로 경제의 단절이 걱정되자 다시 이자율을 1%까지 낮춘다.

이 초저금리로 인해 유동성은 급격히 증가하는데 생산이 따라가지 못할 만큼 커지면서 서서히 자산가치가 상승함과 동시에 유동성 장세의 기반을 만들기 시작한다. 주식시장에서 크게 다쳤으니 유동성이 주식시장으로 유입되는 것은 주저되고 주택시장으로 유동성이 몰렸다.

그러나 2004년 초까지도 아직 경제의 확실한 회복을 안심하지 못한 금융 당국은 이자율을 올리지 못하고 주저한다. 이 지연된 상태로 인해 유동성은 날로 커져만 갔다. 여기에 금융 당국이 예상치 못한 두 가지 복병이 유동성의 비정상적 확대를 가져온다. 첫째는 중국의 무역 흑자이고 둘째는 규제가 풀린 파생상품시장과 제2금융권이다.

우선 유동성의 확대로 미국은 2002년부터 차츰 경기가 회복되기 시작하는데 생산은 그렇게 따라가지 못한다. 이 부족한 생산 부분을 산업화의 기지개를 켠 중국이 메운다. 중국은 저렴한 인건비를 바탕으로 값싼 제품들을 미국에 수출한다. 미국 국민은 경기 회복에 따른 소득 증가, 주택 가격 상승으로 인한 부의 효과, 그리고 특히나 주택담보대출로 생긴 자금 등으로 소비가 급격히 늘어나기 시작했다. 중국의 값싼 제품은 이러한 소비 수요를 충족시켜주면서 중국 생산, 미국 소비라는 쌍두마차의 글로벌 경제가 시작되었다.

그런데 이 과정에서 중국은 계속 자국 통화의 가치를 인위적으로 낮게 유지해 수출 경쟁력을 유지했다. 그러다 보니 나날이 중국의 달러 보유고는 늘어만 갔다. 이 늘어난 달러 보유고를 활용하기 위해 중국은 가장 안전한 투자처를 찾게 되는데 역시 미국이었다. 미국의 대중국 무역적자로 중국의 달러 보유고가 늘어나고 다시 그 달러가 미국 투자시장으로 들어오니 미국 내 투자시장에는 유동성이 넘쳐나게 되었다.

두 번째로 미국은 2000년대 들어 금융 자율화 분위기가 형성됐다. 이 과정에서 많은 창조적 투자 상품이 생겨나고 이를 전문적으로 취급하는 투자 형태도 늘어났다. 헤지펀드나 사모펀드 그리고 특별목적펀드 등 금융당국의 규제를 받지 않는 투자기관이 범람하면서 이들이 투자시장에 끌어온 돈이 상당한 비중을 차지하게 되었다.

정리를 해보면 먼저 금융 당국의 초저금리 정책으로 유동성이 확대되었고 여기에 무역 적자가 커지면서 미국에 대해 수출을 많이 한 중국 같은 국가들이 달러를 축적하게 되었으며 다시 이 달러가 투자 목적으로 미국으로 들어왔다. 금융 자율화 분위기로 감독 당국의 규제에서 벗어나 있는 제2금융권은 이런 유동성을 바탕으로 적극적으로 투자시장을 키워나갔다.

이 유동성은 대부분 주택 융자로 몰렸다. 우량 주택 대출이 늘어나는 데 한계를 보이자 급기야 우량하지 못한 서브프라임 대출까지 동원하기까지 이른다. 이렇게 유동성이 주택 융자를 통해 주택시장으로 몰리자 자연히 부동산, 특히 집값이 올라갔고 집값이 오르자 다시 주택 불패론의 환상을 만들어내면서 서브프라임 대출의 위험은 무시되었다.

유동성 증가, 미국 경기 회복, 미국 소비 증가, 중국 수출 증가, 유동성 팽창, 유동성의 주택시장 집중, 주택 가격 상승, 주택 불패론 형성, 금융기관의 위험 불감증 형성, 방만한 비우량 대출 생산이라는 과정이 유동성 장세에 의한 서브프라임 사태 형성의 요약이다.

유동성 장세로 인한 주택 가격의 상승과 소비의 증가는 한마디로 빚으로 생활수준을 올린 것이다. 유동성은 주택 대출로 침투하였고 집값이 올랐다고 집을 담보로 대출을 더해서 생긴 여윳돈으로 더 좋은 자동차도 사고 여행도 다니고 명품도 사들인 것이다. 유동성 장세는 생산성 증가로 인한 소득의 증가에 기초한 건강한 자산가치 상승이 아니고 빚을 늘려 값을 올린 허상이기 때문에 언젠가 그 빚을 갚지 못하는 순간이 다가오면서 끝이 난다.

빚을 갚는 방법은 두 가지가 있다. 번 돈으로 갚는 방법이 있고 또 다른 빚을 내서 갚는 방법이 있다. 서브프라임 대출은 번 돈으로 빚을 갚는 방식보다는 또 다른 빚을 내서 갚는 방법에 의존한 대출이라고 해야 한다. 기존 대출자의 상환능력으로는 매달 조금씩 갚아나갈 능력이 애당초 안 되는 줄 알면서도 대출을 했다는 것은 나중에 집값이 올라가면 다시 그 올라간 집값을 가지고 또 다시 재융자를 해서 갚을 것이라고 생각했기 때문이다.

그러나 미국 금융당국은 2004년 6월부터 이자율을 올리기 시작했고 이자율이 올라가면서 유동성은 줄어들고 월 상환금은 늘어나 대출 기준에서 비추어 가장 취약한 서브프라임 대출부터 연체가 급격히 발생한다.

연체가 발생하자 서브프라임 대출에 대한 우려가 심각해지면서 서브프라임 시장이 움츠러든다. 유동화채권시장인 MBS와 CDO 시장이 무너지면서 더 이상 유동성이 서브프라임 채권 시장에 공급되지 않자 서브프라임 대출이 크게 줄고 다시 대출 기준이 강화되기 시작한다.

돈은 줄고 대출 기준은 강화되자 자연히 주택시장의 수요가 줄면서 주택 가격 인상이 멈추거나 도리어 하락한다. 부동산 불패론이 깨지는 순간이다. 주택 가격은 떨어지고 이자율은 올라가 서브프라임 대출자는 월 상환금을 갚을 능력이 없어져 결국 연체가 계속 늘어난다. 이렇게 이자율 상승과 그로 인한 유동성 축소로 주택시장에 들어가던 돈은 점점 줄고 이전의 유동성 증가로 주택 가격이 오르고 주택 대출이 늘어나면서 다시 주택 가격을 올리던 순환 과정이 거꾸로 나타나면서 주택시장의 침체를 가속화시킨 것이다.

서브프라임 사태와 신용 경색

서브프라임 사태는 주택시장의 침체를 가져온 데 멈추지 않고 금융계 전체를 폭풍에 몰아넣는다. 이유는 간단하다. 그동안 주택시장 상승의 거품에 편승한 후유증이다.

금융계는 서브프라임 모기지 채권에 대해 부동산 불패론과 신용등급에 대한 확신으로 대량생산 체제에 돌입했었다. 대형 은행들이 고수익의 서브프라임 MBS를 구입해서 서브프라임

CDO를 양산했고, 대형 모기지 은행들은 매각 이익을 챙긴 반면에 서브프라임 대출이 부실에 빠질 위험에 심각하게 노출되어 있었다.

이들 대형 은행들은 자신의 장부상에 서브프라임 채권을 많이 가지고 있으면서 서로 이 채권을 담보로 다른 은행에서 돈을 빌려 쓰기까지 했다. 채권도 되고 담보도 되는 복잡한 금융 구조를 형성한 것이다.

그러다 막상 서브프라임 사태가 터지자 이들 서브프라임 채권의 가치가 폭락하고 이렇게 가치가 폭락하자 채권을 팔 수도 없게 되었으며 이 채권을 담보로 다른 은행에서 빌린 돈을 갚으라는 변제 요구마저 받게 돼 자금 압박이 이중 삼중으로 커졌다.

이렇게 되니 빌려 쓰고 있는 돈을 갚아야 하는데 갚을 돈을 만들 수 있는 채권은 팔리지 않고 도리어 가격이 폭락했으니 은행 간 대출이 중단된다. 이것이 1차 신용 경색이다.

여기에서 더 나아가 서브프라임 채권의 가치가 떨어지고 연체가 늘어나자 대출 손실이 커지면서 대형 은행들이 천문학적 금액의 영업손실을 입기 시작한다. 영업손실이 자본을 잠식하면서 파산하는 은행이 나온다. 다행히 대형 은행들은 급전으로 새 자본금을 가져와 급한 불을 끌 능력이 있지만 그렇지 못한 은행들은 문을 닫거나 다른 은행에 팔려야 했다.

이렇게 은행이 문을 닫거나 팔리는 상황이 알려지자 은행에 대한 불신이 생기고 대량 예금 인출이라는 최악의 상황까지 연결돼 대형 은행이 예금 부족 현상으로 문을 닫아야 할 상황에까지 몰리게 된다.

예금 부족 현상으로 문을 닫는 은행의 문제가 심각하게 다가오자 은행들은 거의 신규 대출을 중단하고 돈만 모으는 일종의 사재기에 빠져든다. 이제는 어떤 조건과 담보에도 돈을 빌려주지 않겠다는 분위기까지 생겨나고 심지어는 대형 은행 간에 하룻밤 사이에 빌려주고 빌려 받는 은행 간 대출조차도 꺼리는 지경에 이른다. 이것이 2차 신용 경색이다.

미국의 7,000억 달러의 구제금융안이나 유럽공동체의 은행 간 대출에 대한 정부 보증 등 숱한 조치가 나오는 것은 바로 이 신용 경색을 풀기 위한 고육책들이다. 신용이 마비되면 실물경제는 바로 심장마비로 연결되기 때문에 이를 피하기 위한 필사적 노력을 하고 있는 것이다.

금융권의 도덕적 해이

유동성 과잉으로 인한 유동성 장세의 형성과 이에 따른 서브프라임 사태까지의 과정을 살펴보면 금융권의 위험 관리 실패의 전형적 모습을 읽을 수 있다. 서브프라임 사태는 이 위험 관리 실패 그 자체라고 해도 과언이 아니라고 할 수 있다.

금융업은 기본적으로 자기 돈보다는 남의 돈을 가지고 하는 산업이다. 세계적 대형 은행들의 예를 보면 자기자본비율은 5% 정도밖에 되지 않는다. 그리고 평균적으로 자기자본비율은 8~9% 남짓이다.

이 자기자본비율을 역으로 계산하면 은행은 자기 돈의 10배 정도를 빌려 쓰고 있다. 이렇게 남의 돈을 쓰는 비율이 높으면 인간 심리의 구조적 위험에 노출되는데 그 위험을 경제학에서는 '도덕적 해이moral hazard'라고 한다.

도덕적 해이는 남의 재산을 관리할 때 그 재산을 운용해서 높은 수익을 올리면 자기 이익이 높아지지만 높은 수익에 따르는 고위험 때문에 발생할 수 있는 손실은 내게 재산을 맡긴 위탁인이 지게 되는 경우 생기는 현상이다.

은행을 경영하는 경영자는 대부분 은행이 잘되어 수익을 많이 올리면 연봉과 인센티브 그리고 스톡옵션으로 막대한 이익을 가져갈 수 있다. 반면에 은행이 너무 높은 수익을 위해 높은 위험을 받아들여 부실이 발생한다면 이로 인한 손실은 투자자와 예금주에게 돌아갈 뿐이다.

이렇게 되면 경영자 입장에서 위험이 크더라도 더 많은 이익을 낼 수 있는 선택을 하는 것이 더 유리하지만 은행은 감당키 어려운 위험에 노출된다. 이 소유자와 소유자가 경영을 맡긴 사람 사이에서 발생하는 문제를 주인-대리인 문제Principal-Agent problem라고 하고, 이 관계의 속성상 대리인이 위험을 감수하고 이익을 추구하는 것을 도덕적 해이라고 한다.

서브프라임 대출을 보면 대출을 함으로써 이익을 가장 많이 본 계층은 이들 대출을 만들고 채권화하여 파생상품으로 만들었던 경영자들이다. 이들이 어마어마한 규모의 수익을 내면서 일반인들이 만지기 힘든 돈을 인센티브로 가져갔다는 사실은 이미 잘 알려져 있다.

물론 그 사이 이들이 근무한 투자은행의 이익과 주가도 올랐다. 그러나 이러한 누적 이익과 주가 상승은 서브프라임 사태가 터지면서 대부분 사라져 휴지조각이나 다름없이 되었다. 바로 이렇게 단기적으로 이익을 주는 것처럼 보이다 그것이 안고 있던 위험이 언젠가 나타나 패망하게 되는 것이 도덕적 해이의 대표적 폐해다.

부동산 불패론과 신용평가회사들이 뒷받침해준 서브프라임 채권의 양산은 경영자들에게 막대한 이익을 남겨주었으나 이들 경영자의 터전을 제공한 투자자는 투자액의 대부분을 날리고 말았다.

금융 감독 당국에 대한 도덕적 해이

서브프라임 사태는 경영자와 투자자의 도덕적 해이에 따른 폐해만이 아니라 금융 감독 당국과 금융기관 간의 도덕적 해이도 얽힌 사건이다.

첫째, 예금을 받는 상업은행의 경우 서브프라임 대출이 대규모의 부실로 판명 나 다른 금융기관에 인수되거나 문을 닫게 되면 손실의 상당 부분을 정부가 책임져줘야 한다. 예금보험제도에 의해 망한 은행의 예금 중 보험으로 보장된 부분만큼은 갚아줘야 하기 때문이다.

둘째, 설령 예금보험의 대상이 아닌 투자은행이라 하더라도 그 은행이 망했을 때 나타날 금융계의 불안 전염이 두려워 구제해주는 경우다. 이렇게 민간 기업의 실패를 정부가 떠안게 되면 금융기관들의 도덕적 해이가 만연해진다.

이번 서브프라임 사태 중 정부가 민간 투자은행을 구제한 것이 도덕적 해이라는 비판에 대해 연방준비제도이사회 버냉키 의장은 의회에서 "도덕적 해이의 위험을 인정한다 해도 금융기관이 부도가 날 경우 경제에 미칠 시스템 리스크가 너무 크기 때문에" 어쩔 수 없이 구제해준 것이라고 설명했다.

하나의 금융기관이 문을 닫게 되면 서로 연결돼 있는 금융체계의 문제와 시장의 불안 심리로 인해 연쇄적 부도가 남으로써 금융계가 마비되고 전체 경제를 파탄으로 몰고 갈 수도 있는 시스템 리스크를 국민경제 차원에서 받아들일 수 없다는 논리이다.

그러나 문제는 이를 받아들일 경우 앞으로 금융기관들의 도덕적 해이가 더욱 만연해질 수 있다는 점이다. 시스템 리스크는 금융계에 항상 존재하므로 대형 금융기관은 언제나 정부가 구해줄 것이기 때문이다. 여기에 버냉키 의장의 해명상 허점이 있다.

도덕적 해이가 방치될 수밖에 없다면 금융기관들은 어떤 위험이 있더라도 수익만 올리면 된다. 좋은 시절에는 막대한 이익을 남기고 시절이 나빠져 경영이 어려워지면 정부가 구제해줄 것이기 때문에 손해는 없고 이익만 있게 되는 모순을 버냉키 의장의 해명은 안고 있는 것이다.

이번 서브프라임 사태에서 우리는 다시 도덕적 해이의 폐해를 경험했다. 어떤 이유로 변명을 하더라도 분명한 것은 금융계의 도덕적 해이의 위험은 상존해 있고 이 위험을 정부는 관리하지 못했다는 사실이다. 그리고 그 피해를 국민과 정부 모두 겪고 있는 것이다.

위험 관리 시스템의 붕괴

이상을 종합하면 서브프라임 사태는 금융정책과 관리 면에서 총체적 실패라고 할 수밖에 없다.

우선 유동성 관리 면에서 생산성에 기초한 경제성장을 뒷받침하는 유동성 증가 원칙을 지키지 못했다. 급변하는 금융계의 창의적 상품을 제대로 읽지 못했다는 설명은 세계적 경제학자들로 가득한 연방준비제도이사회로서 빈궁한 변명일 뿐이다.

그보다는 오히려 유동성 증가가 글로벌화에 따른 생산성 증가에 있었다고 믿었던 그린스펀 의장의 판단 착오에서 왔다고 보는 편이 타당할 것이다. 폭등하는 주택 가격을 보면서도 경제가 건전하게 발전하고 있다고 해석한 사실은 독단이 아니었을까 의심되는 부분이다.

181
시장의 실패인가 정부의 실패인가
그린스펀의 착각

둘째로 은행권에 구조적으로 존재하는 도덕적 해이에 대해 미리 통제하지 못한 점을 들 수 있다.

이 부분은 무엇보다도 1999년 GLB 법안 통과에서 암시된 것처럼 자유방임적 시장경제 원리 적용에 원인이 있다. 앞서 설명한 것처럼 그린스펀의 지휘 하에 있던 연방준비제도이사회는 무한 경쟁에 의한 금융계의 발전이 이상적이라는 이론을 가지고 있었고 이런 배경에서 금융 규제의 상징이었던 1933년의 글래스-스티걸 법안을 폐지하고 은행지주회사의 타 금융기관 소유를 가능케 한 GLB 법안을 제정했다.

계속적으로 금융 자율화를 강조하면서 금융에 대한 규제를 없애간 연방준비제도이사회는 금융계에 본질적으로 존재하는 도덕적 해이의 위험도 시장경제의 원리로 해결될 수 있다는 견해를 가지고 있었다.

금융의 도덕적 해이 위험에 대한 시장경제적 원리란 금융계가 도덕적 해이에 빠져 너무 큰 위험을 안았을 때, 즉 쉽게 말하면 비우량 대출을 방만하게 행했을 때 그 결과는 은행의 실패로 귀결되고 실패한 은행은 시장에서 도태될 것이기 때문에 금융계는 스스로 도태되지 않기 위해서 미리 도덕적 해이의 위험을 조심할 것이라는 논리였다.

그러나 현실은 서브프라임 대출의 만연이었고 과도한 위험을 감수한 금융계는 대형 부실 앞에 큰 위기를 맞게 되었다. 그러자 이제 다시 시스템 리스크를 우려한 정부는 이런 금융기관들을 구제해주고 있어 도덕적 해이의 문제는 전혀 시장경제 원리로 해결되지 않고 있다.

금융 감독의 정당성과 시장경제의 원리

이러한 예금보험과 시스템 리스크 때문에 어쩔 수 없이 안고 가야 할 도덕적 해이의 허점을 보완하기 위해서는 어떻게 해야 하나?

정부 규제와 감독에 그 해답이 있다. 부도가 나면 경제에 미치는 파장이 너무 커서 정부가 구제해줘야 할 산업이라면 시장경제 원리에 맡겨서는 안 된다는 원칙이 필요하다. 경기가 좋을 때도 사전에 무리한 경영을 하지 못하도록 관리 감독해 경기가 하락하더라도 큰 어려움이 없도록 감독 당국이 미리 예방을 해야 한다.

대공황의 아픔을 겪은 후 많은 원인 분석이 이루어졌고 그 결과 가장 큰 원인으로 금융계의 불안이 지적되면서 대공황 같은 사태를 방지하기 위해 금융계의 안정을 위한 법적 장치가 많이 이루어졌다. 이런 과정에서 연방예금보험공사가 설립되고 글래스-스티걸 법안이 나와 제도적 규율을 통한 안정화가 금융계에 자리 잡았다. 이후 수차례의 경기 침체를 겪었지만 대공황 규모의 심각한 사태가 없었고, 그런 이유로 이런 규제와 감독을 통한 금융계의 안정책이 효과적으로 작동했다고 인정되고 있다.

그런데 대공황 후 약 60년이 지난 1990년대 월가는 금융공학을 이용한 창조적 금융상품으로 급격한 확대를 꾀하면서 이에 대한 규제는 최소화하도록 의회와 당국을 설득했다. 규제가 적을수록 돈 벌 기회를 무한대로 키울 수 있기 때문이다. 규제를 완화해야 하는 논리는 한결같았다. 시장의 원리가 방만한 경영을 도태시키고 위험 관리를 잘하는 금융기관만이 살아남을 것이라는 주장이었다.

그러나 규제 완화의 결과, 기대했던 금융계의 위험 관리는 이익 앞에 존재조차 보이지 않았고 서브프라임이라는 대공황 이후 가장 큰 금융 위기를 초래했다. 그리고 위험 관리를 제대로 못한 금융기관은 도태될 것이라는 시장 원리 역시 금융계 불안의 폭풍 앞에 바람처럼 사라지고 정부는 결국 시장이 도태시킨 금융기관을 구제해주고 말았다.

서브프라임의 아픔을 딛고 미 금융계는 대공황 이후와 비슷한 각성이 나오면서 금융 산업 감독 안을 대폭적으로 수정하고 자 시도하고 있다. 도덕적 해이를 어쩔 수 없이 감수해야 하는 모순이 다시는 없게 하는 유일한 길은 금융계에 대한 포괄적 사전 관리 감독이라는 새롭지 않은 사실이 다시 새롭게 등장한 것이다.

1933년의 금융계에 대한 반성은 70년이 지난 후 눈 녹듯 사라졌다가 다시 대공황에 버금가는 사태로 위기를 맞으면서 똑같은 반성을 다시금 하고 있다. 금융의 도덕적 해이는 시장경제 원리로 해결될 수 없다는 깨달음과 함께.

금융자본주의의
허상

03

구제 금융 : 시장경제 원리의 포기

서브프라임 사태는 대규모 부실 대출로 시작해 신용 경색으로 발전해서 금융 위기를 불러일으켰다. 2007년 4월, 미국의 2위 서브프라임 모기지 업체인 뉴센추리의 몰락으로부터 시작해 수많은 모기지 업체들이 문을 닫았고 2008년 2월, 별로 상관이 없을 것 같은 영국의 은행 노던록이 지불 불능 사태에 빠졌다가 결국 정부 구제로 넘어갔다.

그러나 본격적인 서브프라임 사태는 미국의 대형 투자은행들이 속속 무너지면서 시작되었다. 2008년 3월, 베어스턴스가 전격적으로 JP모건에 인수되는가 하더니 9월, 리먼브먼더스는 파산보호 신청을 했다. 세계 최대의 보험회사인 AIG가 거의 망하기 직전 정부의 긴급 자금 수혈로 명맥을 유지하고 있고, 메릴린치와 컨트리와이드가 뱅크오브아메리카에 넘어갔다. 인디맥은 망했고 와코비아 은행은 웰스파고로 인수가 결정되었다.

이러한 일련의 과정을 보면 몇 개의 금융기관들을 망하게 했지만 경제에 큰 파장을 가져올 금융기관은 어떤 형태로든 구제를 했고 급기야 미국 재무장관과 연방준비제도이사회 의장은 사상 최대 규모인 7,000억 달러에 달하는 금융 구제안을 내놓아 논란 끝에 의회의 승인을 얻어냈다.

이러한 구제 금융 정책은 일단 이번 서브프라임 사태 이전의 자유주의 시장경제와 정면으로 배치된다. 그린스펀을 중심으로 추진해온 시장경제 원리에 의한 금융 산업 경쟁력 강화 원리에 의하면 금융기관의 몰락은 시장의 자연스러운 도태 현상이므로 그대로 놔둬야 하기 때문이다.

잘못 경영된 은행이 시장에서 도태되지 않고 정부에 의해 구제된다면 앞으로도 은행은 구제가 된다는 도덕적 해이에 빠져 건실한 경영보다는 한몫을 노리고 높은 위험을 추구하게 될

것이며 이렇게 되면 금융 산업은 더욱 더 큰 위험 속에 빠질
것이다. 따라서 시장경제 원리에 충실하려면 너무 높은 위험을
선택한 은행은 그 위험에 의해 무너지게 된다는 냉엄한 생존
경쟁의 현실을 받아들이게 함으로써 건전한 경영을 하게끔 조
장해야 한다.

노던록 은행이 어려워지자 영국의 중앙은행인 영란은행의
머빈 킹 총재는 시장경제 원리에 충실히 따르며 정부 불개입을
선언했다. 그러나 불개입을 선언하자마자 예금자들이 은행 앞
에 줄을 서서 예금을 인출해가는 사태가 생겼다. 결국 시장 안
정을 위해 영국 정부는 노던록을 구제해야 했다.

이 상황을 겪은 킹 총재는 시대가 바뀌었음을 고백할 수밖에
없었다. 그것은 도덕적 해이를 막고자 시장경제 원리를 고수해
서 망하는 은행을 그대로 둔다면 더 큰 경제적 파국을 가져올
것이기 때문에 시장경제의 원칙을 지키는 것이 쉽지 않다는 탄
식이기도 했다.

구제 금융의 배경

대공황은 자본주의가 직면했던 가장 큰 경제 재앙이었다. 그

러다 보니 이에 대한 연구가 집중적으로 이루어졌고 지금도 많은 경제 정책이 대공황에 대한 연구 결과에 근거해서 실시된다.

경제는 수요와 공급의 불균형으로 인해 주기적으로 불황을 겪는다. 그런데 대공황과 같이 너무 깊고 긴 불황이 생긴 이유에 대해서는 아직까지도 논란이 계속되고 있다. 이 논란은 앞으로도 또 다시 대공황과 같은, 그리고 지금과도 같은 경제적 재앙이 발생할 수 있기 때문에 어떻게 하면 이 재앙의 발생을 막을 수 있을지를 연구하기 위해 매우 필요한 일이다.

대공황의 원인에 대한 논란은 과연 대공황과 같은 사건이 시장경제의 실패로 볼 것인지 아니면 정부 정책의 실패로 볼 것인지에 대한 논쟁으로까지 연결되고 있다. 만약 시장경제의 실패라면 자본주의 자체가 흔들릴 수 있다.

이에 대해 보수적인 자본주의자들은 대공황을 시장경제 자체의 실패가 아니라 정부 정책의 실패라고 주장한다.

보수 자본주의자의 대표 격인 밀턴 프리드먼 교수는 대공황을 1929년 주식시장 붕괴 때문에 발생한 사건이 아니라 그 이후 연속적으로 금융당국이 유동성 공급에 실패해서 생긴 사건으로 해석한다.

그에 의하면 1929년 주식시장 붕괴로부터 시작된 경기 하락은 단순한 불황으로 끝날 수 있었으나 뱅크 오브 유나이티드

스테이츠와 같이 큰 은행들이 도산하자 금융계에 대한 불안이 커지면서 심리적 공황 상태가 생겼고 이는 곧 대량 예금 인출 사태로 연결돼 금융권의 연쇄적 도산으로 이어지고 이로 인해 경제 전체가 공포에 빠졌다고 주장한다.

이 때 연방준비제도이사회가 주요 은행들에 유동성을 공급해 도산을 막았더라면 금융권의 연쇄 도산은 피할 수 있었고 그렇다면 대공황 정도의 재앙이 생기지 않고 단순한 경기 조정 정도로 끝날 수 있었다는 것이다.

프리드먼 교수는 연방준비제도이사회의 무기력을 대공황의 원인으로 지적하고 있는데 연방준비제도이사회가 과감하게 대응하지 못했던 이유로 연방준비제도이사회 내의 알력과 금본위 통화제도로 인해 유동성 공급이 제한된 점을 들고 있다. 어쨌든 이러한 유동성 공급 부족은 1929년부터 1933년까지 5년여 동안 미국 전체 총통화를 3분의 1 규모로 추락하게 만들었고 경제는 헤어나올 수 없는 깊은 수렁에 빠졌다.

따라서 보수 자본주의 경제학자들은 경제에 큰 단절이 생기면 대공황과 같은 사태를 막기 위해 일단 금융권의 안정을 지키는 것이 가장 중요하다고 믿는다. 금융권은 자체 산업도 문제이지만 경제 전체에 미치는 영향이 너무 크기 때문에 금융권의 혼란은 경제 문제를 필요 이상으로 확대시키기 때문이라는 것이다.

"망하기에는 너무 큰 은행"

이러한 금융권의 안정이 무엇보다도 중요하다는 보수 경제학자들의 주장은 1980년대에 들어 대공황 이후 첫 번째 시험대에 오른다.

1984년 5월, 콘티넨털 일리노이 은행이 지급 불능 사태에 처하자 연방예금보험공사는 예금보험 한도인 10만 달러뿐만 아니라 비보험 예금에 대해서도 100% 보장을 해주었다. 더 나아가 예금보다 보호 순위가 낮은 은행의 채권에 대해서도 원금 상환을 보장해줌으로써 주주를 제외하고는 실패한 은행에 관계된 사람들의 손실을 없도록 조치했다.

이 전례 없는 구제에 대해 콘티넨털 은행의 감독기관의 수장인 통화관리국장이 참석한 의회 청문회가 열렸고 여기서 매키니 의원이 은행을 구해준 명분을 "망하기에는 너무 큰 은행 Too Big to Fail"이었다고 정리함으로써 그 이후 큰 은행은 망하지 않을 것이라는 대마불사론이 금융계에 퍼지게 되었다.

'망하기에는 너무 큰 은행'이라는 개념은 간단하다. 금융 산업이 갖고 있는 속성상 큰 은행이 문을 닫게 되면 은행권에 대한 불안이 커져 다른 은행까지도 줄줄이 무너지는 도미노 현상이 나타날 가능성이 높다는 것이다. 따라서 금융 감독 기관은 큰 은행이 문을 닫는 사태는 어떻게 해서든 피하게 하는 것이 전체 경제를 위해 낫다는 논리이다.

대공황에서 크게 놀란 금융당국이 내린 금융 운용 방안이 이렇게 대형 은행 구제의 기반이 되었다. 그러나 이때 대마불사론을 따르면 금융계가 더 큰 문제에 빠질 수 있다는 반론도 만만치 않았다.

일단 경제 전반의 안정을 위한 큰 은행 보호 정책은 타당성이 있다. 그러나 이 정책은 그 목표와 상반되는 결과, 즉 금융계의 안정을 위해 큰 은행을 보호하려다 오히려 금융계가 더 불안해지는 모순을 가져온다는 점에서 비판을 받고 있다.

결과적으로 큰 은행 보호 정신이 나중에 더 큰 문제를 가져오는 이유는 도덕적 해이의 확대에 있다. 은행이 어려워지는데도 망하지 않는다는 보장이 있게 되면 어려움에 처한 은행은 더 큰 위험을 감수하고서라도 고수익을 노리는 대출이나 투자를 하게 된다. 잘못되더라도 정부 차원에서 망하지 않게 해줄 것이고, 혹시라도 잘되면 부활할 수 있다는 도박 심리가 생기게 된다. 그러나 점점 더 큰 위험을 안다 보면 손해가 심각해지면서 결국 더 이상 어떻게 할 수 없어 마침내 문을 닫아야 할 지경에까지 이른다. 그리고 이 과정에서 경쟁하는 은행들마저 고위험 고수익 전략에 휘말리면서 은행권 전체가 흔들리는 계기를 만드는 경우가 허다하다.

1980년대 저축대부조합 사태는 정부가 문제된 은행들을 보호해주다 문제가 없는 은행들마저 고위험 전략에 젖어들게 했고 결국 많은 은행이 부실해져 금융 대란으로 연결된 대표적 사례이다. 은행권의 안정을 위한 큰 은행 보호 정신이 은행권의 위험을 더 높이면서 결과적으로 전체 은행권의 불안을 초래하는 모순을 가져온 것이다.

이번 서브프라임 사태는 다시 한번 대마불사론이 시험대에 오르는 경우가 되었다. 그러나 콘티넨털 일리노이 은행은 한 은행의 구제였지만 이번에는 여러 개의 대형 은행들이 대상이 되고 있고 경제 상황도 커다란 거품 붕괴 후 심각하게 나빠질 우려가 있어 본격적인 금융 안정론이 최선의 선택인가를 확인할 수 있게 된 점이 다르다면 다를 뿐이다.

대공황의 두려움

서브프라임 사태 이후 대규모의 금융 지원과 대형 은행 구제가 정당화되고 있는 근거는 지금의 상황이 대공황과 같이 될 수 있다는 가정에 있다. 만약 그때처럼 된다면 매우 위험할 것이고 그렇다면 현재는 도덕적 해이 논란을 벌이고 있을 한가로운 때가 아니라는 주장이 사상 최대의 금융 구제를 뒷받침하고 있는 것이다. 그런 점에서 현재가 대공황 초기와 같은지를 살펴볼 필요가 있다.

대공황의 발단은 1929년 이전부터 커져온 주식시장과 부동산시장의 거품에 있었다. 주택시장은 매년 25% 이상 올랐기 때문에 부동산 불패론이 지배하면서 누구에게나 대출을 해주었고 주식시장은 심한 경우 10%만 돈을 가져도 주식을 살 수 있도록 마진율(주식을 살 때 자기 돈이 들어가는 비율)을 낮추었다.

이러한 분위기에서 유동성은 크게 팽창했고 유동성에 의한 자산가치 상승, 즉 거품이 생겨났다. 그러다 1929년 주식시장 대폭락이 오자 비정상적으로 부풀려진 자산 거품이 꺼지기 시작하면서 미국 경제는 고통스러운 하락의 길을 걷는다.

거품의 붕괴가 경제를 파탄에 빠뜨리는 원인으로 대출의 증가를 꼽는다. 거품기에는 계속 부동산이나 주식 가격이 올라갈 것을 믿기 때문에 많은 사람들이 빚을 내서 투자를 한다. 그런데 막상 거품이 꺼지고 나면 자산가치가 하락하고 실업이 늘면서 소득도 줄어든다. 이를 인플레이션의 반대말로 디플레이션이라고 부른다.

문제는 물가와 자산가치와 소득은 떨어지는데 빚은 줄지 않는다는 점이다. 예를 들어 부동산을 10만 달러에 사면서 8만 달러 빚을 졌다고 하자. 거품이 꺼지고 자산가치가 하락하면서 집값이 5만 달러로 내려가도 빚 8만 달러는 줄어들지 않는다.

여기에 설상가상으로 경기마저 나빠져 실업률이 올라가고 임금이 떨어지면 개인 소득은 주는데 빚은 계속 남아 있어 연체와 부도가 늘어나고 그러다 보면 은행의 부실은 커지게 된다. 은행의 부실이 커지면 예금 인출 사태가 나타나고 금융권 전체가 혼란에 빠져 결국 경제가 몰락한다.

이번 서브프라임 사태도 부동산 불패론과 대출 증가가 배경이 되었다. 대공황 전에는 주택 융자는 집값의 50%까지 이루어졌고 주식은 90%까지 가능했다. 이번에는 주식이 50%였고 주택은 거의 100%까지 대출이 가능했다. 이번 서브프라임 사태도 바로 이 100%에 해당하는 대출로 부풀려진 주택 가격에 의해 주도되었고 이 대출은 거품이 꺼지고 나서도 줄지 않는 가계의 부담으로 남게 되었다.

늘어난 부채를 감당하기 위해 소비자들은 다른 소비를 줄이기 시작해 자동차, 귀금속, 여행 등의 소비가 급감하면서 경기가 하락하고 있다. 경기 하락은 실업률 증가로 연결돼 결국 개인소득은 줄어든다. 그렇지 않아도 어려운 빚 감당에 부담을 더 얹혀주는 격이다.

집값은 떨어지고 경기는 나빠져 실업이 늘어나면서 부동산 대출 연체율은 계속 올라가고 차압당하는 주택은 더 늘어만 간다. 자연히 은행의 부실이 늘어 손실이 커지고 문을 닫는 은행들이 하나씩 둘씩 나타난다. 금융권에 대한 불안이 커지면서 취약한 은행들에서 예금이 빠져나간다.

이렇게 보면 대공황 초기와 서브프라임 사태 초기는 전개 과정이 비슷하다. 그렇기에 버냉키 연방준비제도이사회 의장은 대공황의 재판을 막으려면 당시 정부가 실수한 부분을 반복하지 말아야 한다고 강조하는데 그 핵심은 금융권의 안정을 지켜주는 것이다.

대공황과 비슷한 시작이지만 그때는 중앙은행 차원에서 유동성을 긴급히 공급해 은행들을 살리는 데 실패해서 공황이라는 대재앙으로까지 번졌다. 이번에는 같은 실수를 하지 않고 금융권을 지켜낸다면 단순한 경기 침체로 끝날 수 있다는 판단이다.

역사에 연습은 없다. 지금 버냉키의 정책은 실전이고, 성공이든 실패든 그 결과를 감당할 뿐이다. 그러니 그의 정책을 믿고 잘 되기를 바라는 수밖에 없다. 그래도 대공황을 연구한 석학이니 그의 판단이 가장 나을 것이라는 믿음을 갖고서 말이다.

구제 금융과 도덕적 해이

프리드먼이나 버냉키의 의견대로 금융권의 안정은 무슨 일이 있어도 지켜야 한다면 금융권은 언제나 도덕적 해이에서 벗어날 수가 없다는 모순에 빠진다. 어떻게 해도 금융권은 구제가 될 것이기 때문이다.

이 모순을 해결할 수 있는 실마리는 거품이 형성될 때 금융권이 어떤 역할을 했느냐에 있다. 만약 거품 형성을 금융권이 주도하지 않았다면 거품이 붕괴해서 생기는 혼란기에는 금융권에 대한 안정을 위해 정부가 도와줘도 도덕적 해이와 연관되지 않는다. 그러나 거품 형성이 금융권의 잘못된 경영에 의해 비롯된 것일 때는 금융권을 구제해주게 되면 바로 도덕적 해이 문제가 발생한다. 즉 금융권의 도덕적 해이 문제는 금융권의 방만한 위험 선택을 덮어줄 때 생긴다.

시장의 실패인가 정부의 실패인가
그린스펀의 착각

그렇다고 탐욕에 이끌려 위험을 스스로 선택했다고 해도 경제를 공황에 빠뜨릴 수 있는 시스템 리스크를 생각하면 잘못된 은행을 망하게 방치할 수는 없다. 그래서 대공황 이후 금융 개혁안이 나왔다. 이 개혁안은 금융계가 탐욕에 눈이 멀어 지나친 위험을 선택하지 못하도록 제도를 개선했다. 개선안의 핵심은 금융계의 무한 경쟁을 어느 정도 제한하고, 특히 개인의 예금을 갖고 있는 상업은행은 위험도가 높은 금융시장에 참여하지 못하도록 제한하는 데 있었다.

금융 산업은 사회 전체에 미치는 파장이 너무 큰 시스템 리스크를 안고 있기 때문에 잘못되었을 때 도태되도록 방치를 할 수 없으니 태생적으로 도덕적 해이의 가능성을 안고 있다. 그렇다면 아예 잘못될 가능성을 최소화하도록 정부가 미리부터 감독하고 규제할 수밖에 없다. 이는 시장경제의 포기가 아니라 시장경제가 효과적으로 해결할 수 없는 분야에 대한 보완을 통해 시장경제를 더 잘 돌아가게 만드는 처방이다.

1933년의 금융 개혁안은 바로 이렇게 시스템 리스크 때문에 시장경제의 원리로 은행이 도태되게 놓아둘 수 없고 정부가 구제해줘야 한다는 모순을 해결하는 방향으로 제정되었다. 원천적으로 자기자본이 적은 금융 산업에서는 남의 돈이라는 이유 때문에 경영자가 더 큰 위험을 택하면서 자기 이익을 극대화하려는 유혹이 크고, 거기에다 정부의 구제가 있을 것이라는 안이함으로 예금주조차도 감시하지 않기 때문에 무분별하게 위험을 떠안으면서 유동성을 무리하게 확대하여 이익을 극대화하게 되어 있다.

따라서 시장경제의 원리에 맡겨 자유경쟁을 전면적으로 보장해줄 수 없는 태생적 한계를 갖고 있으니 이 모순을 해결하기 위해서 금융 산업은 항상 통제하고 감독 관리해야 한다는 규제 정신이 필요하다는 것이 바로 대공황 이후 대책이었다.

그리고 미국 금융 산업은 이 규제가 지켜지던 1980년까지 큰 문제 없이 안정기를 누린다. 그러다 1980년 이자율 경쟁을 허용하고 저축대부조합 사태가 터졌고 1999년 은행의 타 금융권 소유가 허용되고 그 이후 파생상품시장에 대한 규제가 완화되면서 서브프라임 사태라는 결정타를 맞게 된 것이다.

실물경제 성장 없는 자산가치 상승의 결과

이제 금융은 도덕적 해이에서 자유로울 수 없다는 체험을 또다시 하고 있다. 금융이 가진 속성상 무한대로 확대 재생산하면 금융의 이익은 한없이 키울 수 있으나 그 결과는 유동성

장세에 의한 자산가치의 거품이고 개인에게는 부채의 증가다. 실제 생산성의 뒷받침이 없는 거품은 언젠가 꺼지고 이 거품이 꺼져도 빚은 남으니 빚 감당을 못하는 수많은 대출자의 부실로 인해 금융계는 치명상을 입게 될 것이다.

이것이 바로 금융자본주의의 허상이다. 실물경제, 즉 재화를 생산하고 소비하는 경제의 성장을 뒷받침하고 거기에서 생기는 부가가치를 나눠 갖는 것이 금융의 기능이어야 하는데 금융자본주의는 실물경제보다 앞에서 스스로의 부가가치를 가질 수 있다고 믿었다.

금융자본주의가 일으킨 부가가치란 바로 주택을 위시한 부동산 가격과 주식 가격의 상승이었다. 그런데 생산성을 바탕으로 이들 자산가치가 상승을 했다면 이들 보유 자산의 수익성이 가격의 상승과 최소한 같은 비율로 올라가야 한다. 그런데 유동성 장세에 의한 자산가치 상승, 즉 금융이 만들어냈다고 믿었던 부가가치는 이들 자산에서 나오는 수익률의 하락에 의한 것이었다.

부동산을 예로 들어 금융 부가가치를 계산해보면 이해가 쉽게 갈 것이다. 상업용 건물의 가격이 100만 달러이고 그 건물에서 벌어들이는 임대 수입이 1년에 10만 달러라고 하면 그 건물의 1년 수익률은 10만 달러 수익을 건물 가격인 100만 달러로 나눈 10%가 된다.

이 10%는 거꾸로 예상기대수익률이 돼 동종 건물을 사려고 하는 투자자는 10% 이상의 기대수익이 나오는 경우에만 투자를 한다. 즉 5만 달러의 수익이 나오는 건물이 있다고 하면 5만 달러를 10%로 나눈 금액인 50만 달러까지 건물 값을 지불하게 된다. 그래야 기대수익률인 10%를 맞추기 때문이다.

이 건물이 임대 수요가 늘어 1년 수익이 5만 달러에서 7만 달러로 올라갔다고 하자. 이 경우 같은 기대수익률인 10%를 적용한다고 하면 다시 건물 가격은 7만 달러를 10%로 나눈 70만 달러로 올라간다.

그런데 이 50만 달러짜리 건물은 임대 수요가 늘지 않더라도 가격이 오를 수 있다. 기대수익률이 낮아지면 된다. 기대수익률이 10%에서 7%로 낮아졌다고 하면 같은 임대 수입 5만 달러를 가지고도 건물 가격은 5만 달러를 7%로 나눈 약 70만 달러가 된다.

이 때 기대수익률이 낮아지는 이유는 여러 가지가 있다. 건물 투자에 대한 위험도가 낮아져 낮은 수익률을 수긍할 수도 있고 상대적으로 다른 투자의 수익성이 낮아져 같이 낮아지는 경우도 있다.

그런데 이번 서브프라임 사태의 경우, 이 기대수익률이 낮아진 주된 이유가 유동성이 늘어났기 때문이다. 즉 돈이 부동산으로 몰렸기 때문에 갑자기 수요가 늘었고 이로 인해 가격이 올라갔으니 같은 수익에 비해 기대수익률이 떨어진 것이다.

다시 50만 달러짜리 건물의 예를 생각해보면 임대 수입이 5만 달러인데 건물 가격이 70만 달러로 올랐다고 하자. 그러면 이 건물의 기대수익률은 5만 달러를 70만 달러로 나눈 7.14%가 돼 그 이전의 10%에서 2.86%포인트나 떨어진다.

이렇게 건물의 수입도 같고 위험도도 변하지 않았는데 가격이 오르는 현상이 거품의 전형적 모습이다. 주택의 경우 기대수익은 만약 그 주택과 같은 수준의 집을 임대할 경우 내야 하는 임대료가 된다. 서브프라임 대출이 한창이던 시절에 주택 임대료는 거의 오르지 않는데 주택 가격만 올랐다. 주택 가격이 그렇게 오르는데도 미국의 인플레이션을 측정하는 소비자 물가지수가 별로 올라가지 않았던 비밀이 여기에 있다.

미국소비자물가지수의 경우 지수에서 주택이 차지하는 비중은 높으나 주택 가격을 가지고 가격지수를 산정하지 않는다. 대신 임대료 상응가치rent equivalent라는 개념으로 주택의 물가지수를 계산한다. 이 계산 방식에 의하면 주택 가격이 아무리 올라도 주택 임대료가 오르지 않으면 물가 상승은 없는 것으로 나타난다. 이렇게 임대료 상응가치로 주택 가격의 물가에 대한 영향을 계산하는데 이 임대료가 지난 서브프라임 대출 전성기에 거의 오르지 않았고 이를 근거로 미국은 물가 상승이 크지 않았다고 계산되었던 것이다.

그렇다면 지난 2003년부터 2006년까지의 미국 주택 가격 인상은 임대료의 인상 없이 가격만 올라간 것이라는 계산이고 이는 실제 가치의 증가 없는 가격 상승, 즉 거품이라는 증거가 된다. 바로 이렇게 임대 수입 증가와 같은 실제 가치 상승 없는 가격 상승을 두고 미 금융계는 금융 부가가치라고 믿었던 것이다. 즉 스스로 투자를 집중해 가격만 올려놓고 이렇게 가격이 오르니 부동산의 가치가 올랐다고 믿어버린 순환논리의 함정에 빠진 것이었다.

그리고 이렇게 거품으로 올린 담보를 기초로 금융상품을 만들어 대출을 늘리고 이를 유동화하면서 막대한 수익을 올리다가 거품이 한계에 달하면서 부실이라는 직격탄을 맞고 꺼진 사건이 서브프라임 사태다. 소경 제 닭 잡아먹기였던 것이다.

이제 금융자본주의는 현실을 인식해야 한다. 생산성 증가로 소득 증가가 일어나고 소득 증가로 투자 능력이 커지면서 실제 가치가 늘어나는 실물 경제를 뒷받침하면서 실물 경제의 과실을 나눠 갖는 역할이 금융 본연의 임무다.

실물경제의 성장 없이 금융으로 자산가치를 올리는 것은 거품일 뿐만 아니라 이를 믿고 투자를 집중하면 언젠가 더 큰 대가를 치르게 된다는 역사의 현실을 이번 서브프라임 사태에서 다시 한번 뼈저리게 체험하고 있다.

그린스펀의
유산

04

규제냐 탈규제냐

금융이 규제를 받는 편이 경제에 더 도움이 되는지 아니면
규제를 벗어나 자유 경쟁을 해야 더 도움이 되는지는 계속되는
논란거리다. 대공황과 같은 재앙을 만나면 금융의 탈규제가 속
죄양으로 지목되면서 규제의 고삐를 당긴다. 그러다 경제가 오
랜 안정기를 구가하면 금융계의 규제 때문에 금융 산업이 발전
하지 못해 경제에도 걸림돌이 된다고 외친다.

앞에서 금융이 규제되어야 하는 이유를 열거했는데 이를 다

시 정리해보자. 경제에서 금융의 가장 중요한 기능은 통화 창출 기능이다. 대출이라는 방법으로 금융은 정부에서 찍어내는 돈의 양을 몇 배로 키워내는 힘을 가지고 있다. 이를 승수효과라고 한다.

경제의 원만한 성장을 목표로 하는 금융 당국은 경제 성장 속도와 비슷한 규모의 돈을 시중에 돌게 하는데 돈이 너무 많이 풀려 인플레이션이 생기지 않게 하면서 동시에 너무 적게 풀려 경기 침체에 빠지지 않게 균형을 이루는 역할을 담당한다. 따라서 금융당국은 금융권의 승수효과를 감안해 경제 성장 속도에 맞는 돈, 즉 유동성을 공급한다.

이렇듯 당국이 예상하는 유동성은 실물경제가 성장하는 속도만큼을 맞춰주는 수준인데 인구 증가와 생산성 증가만이 실물 경제의 성장을 이끌 수 있다. 경제 사회 구조가 성숙한 선진국에서는 인구 증가가 미미하고 생산성도 그리 획기적으로 올라가지 못해 저성장 기조를 유지하게 되므로 유동성도 그 수준에 맞춰 늘리게 된다.

그런데 앞서 설명했듯이 금융권은 원초적으로 도덕적 해이의 가능성이 높다. 자기자본비율이 약해서 주인의 감시 기능이 소홀하고 대형화와 전문화로 소유와 경영이 분리돼 있어 대리인의 위험도 크기 때문이다.

이 도덕적 해이의 유혹으로 금융은 나중에 큰 값을 치를지라도 당장의 이익을 높여 경영자의 인센티브가 올라가도록 무한히 확대 재생산을 하고 싶어한다. 이 확대 재생산은 때때로 금융의 새로운 기법을 만들어내 승수효과를 증폭시켜 금융 당국이 예상하는 유동성보다 더 많은 유동성을 창출해낸다.

즉, 금융 당국은 평소의 금융권이 유동성을 확장하는 속도를 가정해서 어느 정도로 돈이 늘어날 것인지 예상해서 금융정책을 실시하는데 금융권은 언제나 이보다 빠른 속도로 유동성을 키우려고 새로운 방법을 고안한다. 이 새로운 방법이 성공하면 유동성을 더 빨리 키울 수 있게 돼 금융 당국의 예상을 넘어선 유동성 창출이 이루어질 수 있다.

그런데 이 금융 당국의 예상보다 금융권에서 더 많은 유동성을 창출해내면 경제 성장을 뒷받침하고도 돈이 남게 되고 그 돈은 고수익을 내는 자산으로 몰리게 된다. 이렇게 몰리는 돈은 실제 가치에 근거하지 않은 가격 상승을 불러와 거품 경제를 만든다.

이 거품이 생기면 갑자기 국민들이 돈을 벌었다는 느낌을 갖게 되고 이 느낌은 소비를 촉진시킨다. 이렇게 소유하고 있는 자산가치가 늘어나 부자가 되었다는 느낌으로 소비가 늘어나는 효과를 '부에 의한 소비효과wealth effect' 또는 '부의 효과'

라고 한다. 그런데 이 부의 효과는 상당 부분 대출로 이어지고 실제 자기의 능력보다 소비를 더하는 사치를 가져온다. 서브프라임 사태 당시 미국의 저축률이 마이너스였다는 사실은 부의 효과로 인해 버는 것보다 더 썼다는 사실을 입증해준다.

늘어나는 유동성으로 자산가치가 커지고 이에 편승해 소비 수준이 올라가고 그러다 보니 대출이 늘어난다. 그 사이 경제는 과열기에 들어섰다는 금융 당국의 진단이 나오면서 이자율이 올라가고 금융권의 유동성은 줄어들기 시작한다.

이렇게 되면 두 가지 면에서 문제가 생긴다. 첫째, 이자율이 올라가니 그동안 과소비를 하면서 늘려놓은 빚에 대한 이자 부담이 커진다. 둘째, 유동성을 줄이므로 금융권의 돈이 줄면서 그동안 자산 가격 상승을 가져왔던 기반이 깨지고 부의 효과가 거꾸로 작용해 소비가 줄어들게 된다.

부채 부담은 늘어나고 경기는 안 좋아지고 투자 자산인 주식이나 부동산 가격은 하락하니 경제는 이중 삼중의 어려움을 겪게 된다. 이것이 거품 붕괴의 후유증인데 이 후유증의 시작에 과잉 유동성이 있고 과잉 유동성은 금융권의 창의적 유동성 확대에서 비롯된 것이니 결국 거품의 시작에는 금융권의 책임도 있다고 하겠다.

그런데 거품 붕괴의 후유증은 많은 대출자의 연체와 부도로 이어지면서 거품의 원인 제공자인 금융 산업에 부담이 되어 돌아오는데 이 때 많은 금융기관들이 파산하게 된다. 파산의 위험은 평소 유동성의 과잉 창출을 공격적으로 실행에 옮긴 은행일수록 더 크다. 바로 이 파산의 위험이 은행들에게 현실적인 위험으로 인식된다면 금융권은 시장경제의 원리에 의해 통제가 된다. 무한 경쟁 속에서 무리한 위험을 감수하면서까지 공격적으로 경영하면 망할 수 있다는 두려움으로 스스로 위험 관리를 강화한다는 논리이다.

그러나 은행이 과도한 위험을 감수함으로써 파산한다고 해도 경영자에게 피해가 오지 않거나, 아니면 은행 그 자체가 구제가 된다고 하면 파산의 위험은 은행의 건전한 경영을 위한 견제가 될 수 없다. 도덕적 해이의 원인이다. 따라서 정부가 금융권을 구제한다면 결과적으로 시장의 심판 기능이 작동하지 않는다. 그렇기 때문에 금융권은 적절한 규제 아래에 있어야 안전도 유지를 위한 시장의 견제 기능이 성립한다. 이 논리가 바로 금융권 규제의 배경이다.

시장경제의 포기

이 금융권에 대한 규제의 필요성은 자칫 시장경제의 포기로 인식될 수 있다. 시장경제의 핵심인 자유경쟁에 의해 사회의 효율성이 극대화된다는 원리가 적용되지 못해 규제를 해야 한다면 중앙통제식 계획경제와 다를 바 없다는 공격이다.

일각에서 보면 시장경제 포기라는 공격은 충분한 논리적 타당성이 있다. 규제가 존재한다면 완전한 시장경제는 아니기 때문이다. 그러나 시장경제의 원리가 모든 분야에 다 적용되는 것은 아니라는 사실이 이미 자본주의의 역사에서 충분히 확인되고 있다. 모든 경제 행위에 적용되지 못한다고 해서 시장경제를 포기한 것이라고 생각하지도 않는다.

시장경제가 제대로 역할을 못하는 가장 대표적인 사례는 무임승차free rider의 경우다. 예를 들어 치안이라는 사안을 놓고 보면, 치안의 혜택을 받는 사람이 치안의 값을 지불하면 그 값을 지불한 사람만 혜택을 받는 것이 아니라 그 주변 사람들까지 혜택을 받게 된다. 이렇게 아무런 대가도 지불하지 않고 혜택을 보는 경우가 무임승차다.

어느 부자가 있는데 도둑이 걱정돼 사설 경비원을 집 주변에 배치했다고 하면 그 집만 경비가 되는 것이 아니고 그 동네의 경비가 강화되는 효과가 생겨 그 동네 사람들은 따로 돈을 내지 않고도 도둑 걱정을 하지 않아도 된다. 이 무임 승차 효과 때문에 부자는 경비를 두는 것에 억울해하고 그러다 보면 경비원을 세우지 않게 되고 그 결과 그 지역 전체의 보안이 취약해질 수 있다. 그래서 부자도 그 동네도 다 불안에 떠는 바람직하지 못한 현상이 발생한다.

이러한 무임승차 피해가 심한 분야로 사회간접자본, 즉 도로, 항만, 공항 등이 있고 치안과 국방 분야도 있다. 따라서 이런 분야는 정부가 나서서 건설하고 관리할 수밖에 없고 그래서 시장경제에서도 정부의 최소한의 역할이 정당화된다.

그러나 이러한 무임승차의 모순 때문에 정부가 주체가 된다고 해서 미국을 시장경제가 아니라고 하는 것은 지나친 억지이다. 오히려 사회에서 누가 비용을 지급해야 하는지 확실히 정해지지 않는 분야를 정부가 맡음으로써 시장경제의 필수 요소인 법질서를 유지해줘 시장경제의 원리가 더 잘 작용된다고 할 수 있다.

금융권의 규제 문제도 이와 같은 차원에서 이해해야 한다. 시장경제의 원리가 확실히 해결할 수 없는 대리인 위험과 도덕적 해이의 요소가 상당히 높은 금융계를 규제함으로써 금융계의 방만한 공격 경영이 사회 전체를 파탄에 빠뜨릴 수 있는 위

험을 제거하는 것은 시장경제의 원만한 흐름을 위한 보완 장치
로 해석해야 한다.

시장경제의 실패와 정부 정책의 실패

이렇게 시장경제의 원만한 흐름을 위해 커다란 교란을 가져
올 수 있는 위험을 미리 제거하는 행위가 시장경제의 포기가
아니라고 이해하면 이번 서브프라임 사태는 시장경제의 실패
로 보기보다는 금융계를 제대로 규제하지 못한 정부 정책의 실
패로 보는 편이 더 타당하다.

다시 1999년으로 돌아가보자. 당시 1933년의 금융 규제의
3대 축의 하나였던 은행지주회사의 타 금융기관 소유 금지가
폐지되는 법안이 통과되었을 때 정치권에 대한 흥미로운 조사
가 있다. 미국의 정치자금을 감시하는 시민단체인 책임정치센
터Center for Responsive Politics에 따르면, 당시 1933년 글래스-스티
걸 법안의 종언을 가져온 금융 현대화 법안the Financial
Modernization Act이 통과될 때 이 법안에 찬성했던 국회의원이 반
대했던 국회의원에 비해 두 배에 해당하는 정치헌금을 금융계
에서 받은 것으로 집계되었다.

대공황 때 너무나 큰 값을 치르고 배운 금융 규제의 교훈이 70년이 지난 1999년 완전 폐기될 때 이미 서브프라임 사태는 잉태되고 있었다. 그리고 배경에는 더 많은 이익을 올리고자 금융 자율화를 외치던 금융계의 탐욕과 정치적 로비에 영향을 받은 국회의원들의 동조가 있었다.

지금까지 살펴본 대로 1999년 이후 2008년에 이르기까지 일어난 사건을 뒤돌아보면 쌍둥이라고 할 수 있을 만큼 대공황과 같은 길을 걸었는지 신기할 정도이다. 대공황을 묘사한 내용을 요약해보자.

이자율이 낮아 돈을 빌려도 별로 부담이 안 된다. 은행들은 대출을 열심히 늘려 웬만하면 대출이 된다. 대출을 받은 돈으로 투자를 해도 이자율이 워낙 낮아 부담이 안 되고 그러다 보니 투자의 열풍이 불고 자산가치가 천문학적으로 치솟는다. 투자의 기본 원칙인 수익률은 중요치 않고 일단 사기만 하면 값이 오를 것이라는 낙관론이 팽배하다.

인플레이션을 걱정한 금융 당국이 이자율을 올리기 시작한다. 처음에는 이자율 인상에 아랑곳하지 않더니 결국 부담이 된다. 빚 갚기 바빠져 소비를 줄이고 기업은 지출을 줄인다. 매상이 줄어 수익이 나빠진 기업은 직원을 줄인다. 실업이 늘어난다.

그동안 믿었던 투자자산의 가치가 떨어진다. 대출의 연체가 늘어나면서 금융권의 불안이 생긴다. 큰 은행이 무너진다. 연쇄적으로 은행들에 대한 불안이 생기면서 예금 인출 사태가 이어진다. 수많은 은행이 문을 닫는다. 대출은 더 줄어들어 대출자의 부도를 촉발한다.

시대를 밝히지 않으면 이번 서브프라임 사태와 구분이 가지 않는다. 그만큼 이번 서브프라임 사태는 대공황의 교훈을 잊지 않았더라면, 그리고 그 귀한 교훈에서 얻은 정책을 고수했더라면 피할 수도 있었다는 아쉬움이 크다.

역사에 가정은 없다. 그러니 이렇게 아쉬워하는 것도 무의미할지 모른다. 이번 사태를 피하지 못했다는 아쉬움보다도 앞으로 다시 이러한 사태가 일어나지 않도록 어떤 식으로 규제할 것인가에 대해 고민해야 할 때이다.

'새로운 경제'는 축복인가 재앙인가

1999년의 금융 규제 완화는 정치와 금융계의 결탁에 의한 작품이었다. 이 작품의 주인공은 그린스펀 당시 연방준비제도이사회 의장이다. 금융정책을 통해 경제에 깊은 상처를 내지 않고 수많은 위기 상황을 훌륭하게 처리한 그린스펀은 경제의 신이라 불리는 정도의 위치에 올라선다.

끝없는 성공은 자신감을 지나쳐 오만에 빠지게 한 것일까. 시장경제의 원칙주의자였던 그린스펀은 내친 김에 금융 자율화를 선두에서 지휘했고 대공황 연구가들의 비판을 특유의 논리와 이론으로 물리쳤다.

그린스펀이 가졌던 서브프라임 사태 형성기에 대한 견해는 한마디로 세상이 달라졌다는 것이었다. 글로벌화된 세계 경제의 구조는 유동성 증가가 자산 가격을 올린다 해도 그것이 결코 거품이 될 수 없다는 주장이었다. 거품이 되면 인플레이션을 유발하고 이에 대처하기 위해 유동성을 축소하면 경제가 다시 위축되면서 거품으로 생긴 과잉 투자의 부담으로 금융권의 대형 부실이 커질 수 있다는 지적에 대해 그린스펀은 글로벌화된 생산구조로 인해 이제 세계는 인플레이션의 우려가 없이 지속적으로 안정적 성장을 할 수 있다는 자신감을 내보였다.

그때의 그린스펀의 판단이 잘못된 것인지 아니면 그의 말대로 그때는 알 수가 없었는지 확인할 길은 없다. 그러나 분명한 사실은 그린스펀이 그렇게 자신했던 멋진 신세계, 즉 인플레이션 없는 무한한 성장의 '새로운 경제 New Economy'는 서브프라임 사태로 무참히 깨졌다는 것이다.

그리고 깨져버린 새로운 경제의 환상으로 지금 세계 경제는 대공황 이후 처음으로 금융 공황의 위기를 두려워하고 있고 이를 피하기 위해 사상 최대의 국제 공조 체제를 구축해 구제금융을 시도하고 있다.

그린스펀이 주도한 멋진 신경제를 세계는 만끽했다. 주가도 오르고 집값도 오르고 소비도 늘고 이제 갑자기 생활수준이 올라갔다. 명품이 난무하고 건강을 위해 유기농이 각광을 받고 자동차가 좋아졌다. 이제 모두 잘살게 되었다고 기뻐했다.

어디서 끝이 날 것인가

이제 다시 원 위치로 돌아가야 한다. 집값이 2003년 수준으로 돌아갔다는 기사가 줄을 잇는다. 여기가 끝이 아닐 수 있다. 2002년, 2001년 아니 그보다 더 이전인 1999년의 수준으로 돌아가야 바닥일 수도 있다. 주식시장도 예외는 아니다. 미국 다우산업지수가 14000을 넘었던 게 1년도 안 돼 8000을 밑돌기까지 한다.

주식과 부동산 시장의 과거 회귀는 다름 아닌 우리의 생활수준의 회귀를 의미한다. 빚내서 살았던 사치는 이제 돌려놓아야 이 빚잔치가 끝난다. 아니 그 이상을 갚아야만 끝날 수도 있다.

금융권의 규제! 그것은 70년 전 대공황에서 얻은 보석과 같은 약이었다. 세월이 지나고 건강해지니 점점 약이 필요 없다고 생각했다. 어느 날 약을 없앴다. 다시 같은 병을 앓게 되었다. 이제는 더 큰 병을 앓을 수도 있다.

그린스펀은 1926년에 태어났다. 대공황을 실제로 경험하지 못한 세대다. 지금의 우리와 똑같이 말이다. 그래서였을까. 그의 음악적 천재성과 경제철학의 자유주의는 이상적 신경제를 만들고 싶어하고 또 만들 수 있다고 믿게 했던 것은 아닐까.

The Great Illusion

글로벌 금융 위기를 넘어

다음 시대를 위한 제언

01

터진 둑 : 2008년 미국

미국은 19세기에 여섯 번의 금융 위기를 겪었고 20세기 초에 두 번의 위기를 겪었다. 그 중 1929년의 대공황이 규모로나 기간으로 가장 큰 상처를 남겼다는 사실은 잘 알려져 있다.

금융 위기는 대부분 비슷한 경로를 거친다. 우선 거품의 붕괴로 부실 대출이 커지면서 금융권의 자산이 악화된다. 가지고 있는 자산의 실제 가치가 떨어져 재무 상태가 악화된다. 재무 상태가 악화되면서 금융권은 대출할 수 있는 능력이 급격히 떨어져 금융권의 신용 경색이 나타난다. 이 신용 경색은 승수효과의 반대 효과로 인해 시중의 자금 유동성을 급격히 줄이게 되고 이로 인해 실질 금리가 급상승한다.

승수효과란 정부가 푸는 돈을 예금과 대출 기능을 통해 몇 배씩 키우는 효과를 말하는데 거품이 붕괴 되고나면 이 승수효과가 줄어들어 시중의 자금을 줄이는 결과를 가져온다.

예를 들어 한 국가의 기초 돈money base이 1억 달러라고 하고 금융권의 통화승수가 8배라고 하면 시중에 돌아가는 돈의 양은 1억 달러의 8배인 8억 달러가 된다. 그런데 금융권이 위축이 돼 이 승수가 6배로 준다고 하면 같은 기초 돈인 1억 달러를 가지고도 돌아가는 돈은 6억 달러로 줄어든다.

이렇게 은행권이 부실 자산으로 시달리고 돈이 줄면 시중 금리가 올라가면서 경제 활동은 줄어든다. 경제 활동이 축소 될 것이라고 예상되면 주식시장은 폭락하고 결국 전체 경제에 불확실성이 팽배하게 된다. 은행 자산의 부실, 이자율 상승, 주식시장 폭락, 불확실성의 확대 등의 여건이 조성되면 돈이 급한 기업이나 개인만 높은 이자율을 내고 대출을 받으려 하고 그러다 보면 역선택이 생기고 어려움에 처한 금융기관 등은 정부의 구제를 받을 수 있다는 기대가 커지면서 도덕적 해이가 생겨난다.

역선택과 도덕적 해이가 커지면 경제가 더 나빠지고 은행권의 공황 상태가 나타나면서 자산가치는 더 떨어지는 악순환에 빠진다. 이 악순환이 계속되면 경제 활동은 폭락하고 전반적인 물가 하락인 디플레이션이 퍼지게 된다. 디플레이션은 대출을 받은 채무자에게 매우 불리하게 작용한다. 물가는 떨어지고 사업은 안 되고 개인소득도 주는데 대출은 원래 정한 금액에 고정돼 있으니 상환하기가 훨씬 힘들어지는 것이다.

2008년 미국을 보면 바로 이 금융 위기의 과정을 그대로 밟고 있다. 천문학적 은행권의 부실 자산, 신용 경색, 금융시장 패닉, 이자율 인상, 주식시장 폭락, 불확실성의 팽배 등 어느 하나 빠진 것이 없는 금융 위기의 모든 요소를 다 보여주고 있는 것이다.

한마디로 둑이 터졌다. 버틸 수 없을 만큼 커졌던 거품의 둑이 터지면서 금융 공황의 상태로 발전하고 있는 모습이다. 그리고 더 심각한 것은 이 터진 둑은 미국에만 나타난 일이 아니고 전 세계가 다 한꺼번에 겪고 있다는 사실이다.

연방준비제도이사회와 재무성의 대책

대공황을 연구했던 학자들은 금융 위기가 시작되면 유동성의 과감한 공급을 통해 금융권의 안정을 찾아야 한다고 했다. 금융 위기가 금융권의 불안을 키우면서 금융 공황으로 발전하고 그러다 보면 연쇄적 은행 도산으로 이어져 대공황과 같은 경제 마비가 온다는 진단에 따른 권고사항이다.

미국 연방준비제도이사회와 재무성은 이러한 이론적 배경으로 전대미문의 유동성을 공급하고 있다. 2007년 9월부터 기준금리를 5.25%에서 내리기 시작해 2008년 12월에 이르러 일본의 장기 불황 때와 같은 제로 금리까지 떨어졌다.

은행과 증권회사 등을 총망라해 자금이 안 돌아가는 곳마다 자금을 공급해주고 유동성도 급격히 늘리고 있다. 유럽의 달러 시장이 막히면 유럽에 달러를 무한대로 공급해주고, 심지어는 비금융권의 회사채도 연방준비제도이사회에서 사주는 기상천외한 일까지 벌어지고 있다.

7,000억 달러라는 사상 최대의 구제금융 법안을 통과시켜 은행권의 자금 확보를 지켜주겠다고 하고 있고 그 초안으로 은행들에 자본금을 넣어주고 있다. 대형 은행은 인수를 시키든 긴급자금을 빌려주든 어떤 방법으로도 살려내고 있어 베어스

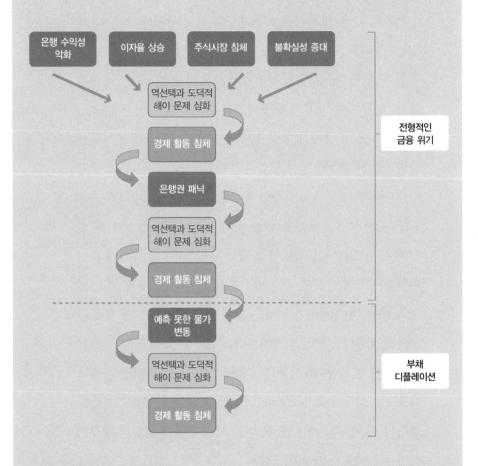

· 금융 위기의 전개 경로 ·

| 은행 수익성 악화 | 이자율 상승 | 주식시장 침체 | 불확실성 증대 |

역선택과 도덕적 해이 문제 심화

경제 활동 침체

은행권 패닉

역선택과 도덕적 해이 문제 심화

경제 활동 침체

예측 못한 물가 변동

역선택과 도덕적 해이 문제 심화

경제 활동 침체

전형적인 금융 위기

부채 디플레이션

금융 위기를 야기하는 요소

요소들로 인한 변화의 결과

출처 : Fredrick S. Mishikin, 『The Economics of Money, Banking and Financial Markets』

턴스, 메릴린치, 컨트리와이드, 와코비아 같은 세계적 은행들이 합병되는가 하면 세계 최대 보험회사인 AIG에도 막대한 긴급 자금을 수혈해 명맥을 유지시켜주고 있다.

이러한 금융 정책만이 아니라 정부도 가세한다. 정부의 개입을 중시하는 경제학자들은 대공황 때 유동성이 부족해 금융권이 연쇄 도산을 하면서 경제가 파탄에 빠진 면보다는 소비자들이 돈을 쓸 수 없어 경제가 어려워졌다는 면을 더 강조한다.

정부 개입을 중시하는 경제학자들의 대표 격인 케인스 같은 사람들은 대공황과 같이 극심한 불안이 시장을 지배하면 유동성을 아무리 공급해도 은행권이 그 돈을 개인과 기업에게 대출해주지 않아 경제에 도움이 안 되기 때문에 실제로 개인과 기업이 돈을 쓰게 만들어줘야 한다고 주장한다. 더 나아가 개인과 기업들조차도 불안에 휩싸여 소비와 시설투자를 줄이고 있으니 이럴 때는 정부가 사업을 벌여 민간 차원의 수요 축소를 보완해야 한다는 이론을 제시했다.

이러한 경제학자들의 이론에 따라 이번 서브프라임 사태의 대응으로 미국 정부는 2008년 상반기에 세금 환불을 시도했고 상황이 더 악화된 지금 또 한 번의 세금 환불을 포함한 대규모 경기 부양책을 논의하고 있다.

막을 수 있는 사태인가

현재 가장 큰 질문은 과연 전통 보수주의 경제학자들의 이론인 유동성 팽창과 대형 은행 파산 방지, 또는 케인스주의 경제학자들의 이론인 정부의 직접 사업이나 감세 조치 등에 의한 유효수요 창출이 시행되었더라면 대공황을 피할 수 있었을 것인가 하는 점이다. 만약 그때 유동성 공급과 은행 보호 그리고 정부의 유효수요 창출이 있었더라도 대공황은 피할 수 없었다고 한다면 지금의 대책으로도 이번 서브프라임 사태는 대공황에 버금가는 상태까지 번질 것이다.

이들 경제학자들의 대책은 이론상으로 충분히 타당성이 있다. 그러나 이들 이론은 어디까지나 대공황이 터지고 나서 이랬더라면, 이라는 가설일 뿐이다. 실제 대공황 정도의 규모를 가진 상황에서 시행되어본 적이 없는 이론일 뿐이다. 대공황을 겪고 나서 대비책으로 만들어진 새로운 약을 환자에게 시도해 보고 있다는 것이 가장 객관적 평가라고 하겠다. 이 약이 들을지 안 들을지는 두고 봐야 한다.

거기에 한 가지 추가되는 두려움은 만약 대공황이라는 병이 약으로 치료가 될 수 있는 병인지 아니면 어떤 약을 써도 일시적으로 효과가 있거나 아니면 단지 생명을 조금 더 연장할 뿐인 암과 같은 불치병인지도 모른다는 사실이다.

　그러나 이러한 효과에 대한 불확실성과 불치병일지도 모른
다는 두려움이 있을지라도 정부는 개발된 모든 약을 다 써봐야
한다. 우선 금융권을 안정시켜 대출이 다시 활성화되게 하고
개인과 기업이 다시 대출을 받을 수 있도록 해서 소비가 조금
씩 커지고 기업 수익도 올라가는 식의 선순환을 기대하면서 말
이다.

금융권의 구제와 금융 규제의 강화

　일단 금융권을 구제해야 한다는 명제는 이 위기 상황에서
피할 수 없다. 그러나 위기 상황이라고 무조건적인 구제를 하
면 금융 혼란이 더 커질 수 있고 나중에 고통의 터널을 지나고
나서 통제가 안 돼 또 다시 같은 문제에 봉착할 수 있다.

　1998년 롱텀캐피털에 대한 구제와 함께 헤지펀드와 파생상
품에 대한 규제를 강화했더라면 이번 사태를 어느 정도 방지하
거나 최소한 그 규모라도 줄였을 것이라는 후회를 이번 구제
과정에서는 되풀이하지 말아야 한다는 말이다.

　그러면 이번 구제안의 처리 과정에서 분명히 금융 규제 강

화 방안을 시행해야 한다. 정부의 구제자금을 받는 은행의 경우에는 방만한 인센티브를 제한하고 경영진에 대한 위험 관리를 제대로 하지 못한 책임을 물어 주주에게 어떤 혜택도 주어서는 안 될 것이다.

골든 패러슈트라고 하는, 실패하고 떠나는 고위 은행 간부들에 대한 막대한 퇴직금이 있다면 이를 과감히 제한한다든가 구제자금을 받는 은행의 주식을 거의 가치가 없는 수준까지 끌어내리는 조치들은 다 이러한 공정성의 원칙에 충실하려는 시도로 보인다. 거기에 거시적으로 금융권의 자기자본비율을 엄격히 해서 파생상품에 대해서도 자본비율을 적용하고 이에 대한 감독도 해야 하고 투자은행의 자산도 건전성 심사를 받도록 해야 한다.

그리고 더 나아가 이러한 금융권의 규제는 시대가 바뀐다고 해서 다시 슬쩍 폐기되지 않도록 보장하는 장치가 필요하다. 연방은행이 정치로부터 독립돼 있듯이 금융 감독에 관한 규제도 정치권의 영향으로부터 독립되게 하는 법적 장치가 고안되도록 연구할 필요가 있다.

이렇게 이미 터진 둑에 대한 대처는 현재까지 연구되었던 모든 금융·재정 정책을 다 써봐야 하고 이 과정에서 구제를 받는 금융계나 산업계는 높은 위험을 조직적으로 선택해 거품

을 주동적으로 만들지 않도록 규제를 강화해나가는 일이 지금
에서는 최선이 될 것이다.

그리고 이러한 대책으로 미국과 세계 경제가 대공황의 전철
을 밟지 않을 것인지는 모두의 긍정적인 염원과 현실에 충실하
겠다는 각오로 인내심을 가지고 기다려봐야 한다. 진인사대천
명盡人事待天命인 것이다.

투자와 투기의
경계에서

02

내 집으로 돈을 번다는 사실

  미국에서는 이미 수많은 개인 투자자들이 금융 위기의 파편을 맞고 있다. 투자액이 작든 크든, 또 그 대상이 부동산이든 주식이든 모든 분야의 투자자들이 피해를 보고 있다. 은퇴했거나 은퇴를 앞둔 투자자들은 갑자기 줄어든 자산가치로 경제적 어려움에 직면해 있고 젊은 투자자들은 투자에 대해 회의감을 가지고 있다. 좌절하고 불안해하는 이 모든 투자자들은 한결같이 정부의 대책에 귀를 기울인다. 마치 옛날 천수답 시절 가뭄이 오면 하늘만 쳐다보는 모습이다.

그러나 투자자들 모두 이번 서브프라임 사태에 책임이 없는 일방적 피해자라는 생각에는 문제가 있다. 투자자들 대다수가 그 대열에 끼어 있었고 음으로 양으로 혜택을 누렸기 때문이다.

우선 서브프라임 대출을 보자. 언론을 통해서나 주변에서 일어나는 일들을 보면서 뭔가 잘못돼 있다는 사실은 느낄 수 있었다. 신용 불량자가 대출을 받는가 하면 자기 돈 한 푼도 넣지 않고 집을 사는 현상이 비일비재할 때 이를 이상하게 생각하지 않았다면 그것이 오히려 더 이상한 것이다.

그러면서 집 없는 사람들은 이때가 기회라고 집을 무리해서 사기 시작했고 집을 가진 사람들은 나날이 하늘 높은 줄 모르고 올라가는 집값을 보면서 내가 부자가 되가는 뿌듯함을 누렸다. 내 집값이 올라가자 이 집을 팔고 더 좋은 집으로 이사를 가거나 아니면 내 집을 담보로 추가 대출을 받아 집도 고치고 남는 돈으로 여행도 갔다. 은퇴를 대비해 저축을 해야 하는데 집값이 나날이 오르고 굳이 따로 저축을 하지 않아도 은퇴할 때쯤에 집을 팔면 충분한 자금이 있다고 생각하니 저축률은 마이너스가 되었다.

내 집을 가지고 돈을 번다는 생각은 본질적인 문제점이 있다. 예를 들어 20만 달러짜리 집을 갖고 있고 이 집에는 80%

에 해당하는 16만 달러의 주택 융자가 있었다고 하자. 그러다 이 집값이 30만 달러로 올랐다고 하면 내가 10만 달러를 벌었다는 계산이 나온다.

그런데 오른 집값은 내 현금 사정에는 아무 영향이 없다. 오른 집값을 담보로 융자를 더 하거나 그 집을 팔았을 때만 내 현금 사정이 달라진다.

상승한 집값 10만 달러에 대해 80%의 융자를 또 했다고 하면 추가로 내 집에는 8만 달러의 융자가 늘어나서 원래 있던 16만 달러에 8만 달러를 합쳐 전체 융자는 24만 달러가 된다. 그러면 집 주인은 집값이 올라 돈을 벌었고 수중에 8만 달러가 더 들어왔다고 생각하지만 실제로는 빚이 8만 달러 늘어난 것이다. 빚내서 돈이 많아진 것이지 돈을 번 것이 아니다.

그러면 집을 팔았다고 하자. 30만 달러에 집을 팔았으니 원래 있던 대출금 16만 달러를 갚고 나면 내 수중에 14만 달러의 돈이 생긴다. 돈이 많아졌다. 그러나 이 사람은 집이 없어졌다. 그런데 이 사람이 내 집을 팔고 이전 집과 같은 수준의 집을 사려고 하면 30만 달러짜리 집을 사야 한다. 그래서 이 사람은 새 집을 30만 달러 주고 샀다고 하자. 이 때 새 집을 사면서 이전 집을 팔고 남은 돈 14만 달러를 다 집어넣고 16만 달러를 융자받았다고 하면 이 사람은 집만 바꾼 것이지 수중에 돈이 남지 않는다.

그런데 새 집을 사면서 20%인 6만 달러만 다운페이하고 나머지 24만 달러를 융자를 받으면 원래 집을 팔고 남은 돈 14만 달러에서 다운페이한 6만 달러를 제하고 나서 8만 달러가 남게 된다. 이 경우는 첫 번째 내 집에서 돈을 더 융자해 8만 달러를 갖게 된 사람과 똑같은 결과다. 결국 빚이 늘어난 것이다.

이 과정이 집값이 늘어났다고 내가 부자가 되었고 돈이 많이 생겼다고 믿게 된 실상이다. 투자해서 돈을 벌었다고 생각했지만 사실은 빚을 늘려 돈이 많아진 것이다. 이번 서브프라임 사태로 미국의 소비력이 늘었다고 말하는 부분은 바로 이렇게 빚이 늘어나 소비가 늘었다는 말과 다름이 없다.

여기에 집값이 올라가면서 부의 효과까지 생겨난다. 그냥 씀씀이가 커지는 것이다. 실제로 이번 서브프라임 사태 기간 동안 주택 융자를 제외한 개인 신용 대출도 대폭 늘었다. 전국가적으로 2조 6,000억 달러까지 올랐고 이는 전체 국민 1인당 8,500달러에 해당하는 규모다. 이 중 신용카드 대출만도 1조 달러에 달한다. 집값 올랐다고 집을 담보로 대출 받아 생활수준을 높이고 그래서 부자가 된 것 같아 신용카드 빚도 늘리면서 늘어난 소비인 것이다. 이 모두가 빚이다.

이 현상이 바로 앞서 얘기한 유동성 장세에 의한 주택 같은 자산의 값이 올라갔을 때 나타나는 폐단이다. 빚내서 잘살고 있다고 착각하는데 정작 자신들은 빚내서 잘살고 있는 것이 아니라 내 집값이 올라 잘산다고 생각하는 것이다.

자산 가격 하락과 부채의 늪

거품 붕괴는 곧 자산 가격의 대폭락이다. 이 때 가지고 있는 자산이 전액 내 돈으로 투자한 경우라면 자산의 가치가 떨어지는 고통을 겪는다. 그러나 빚이 없는 투자자는 그래도 낫다. 집값이 올랐다고 빚을 더 냈던 사람들은 집값은 떨어지는데 빚은 고스란히 남아 고통이 훨씬 크다.

앞서 예를 든 집주인의 경우 집값이 30만 달러가 되었다고 24만 달러의 융자를 받았는데 이제 거품이 꺼지고 집값이 다시 원 위치인 20만 달러로 줄었다고 하면 집값보다 융자가 더 많은 상태가 된다.

게다가 거품이 꺼지는 시기에는 이자율이 높아진다. 이제 늘어난 이자로 인해 생활비도 줄어든다. 더 나아가 부자라는 생각이 사라져 부의 소비효과는 마이너스로 바뀐다. 이렇게 이자가 늘어 다른 소비에 쓸 돈이 줄고 부의 효과가 없어져 소비

심리가 위축되면 전체 경제의 소비가 줄어 경기가 나빠지면서 자산 가격은 더 떨어지는 식으로 악순환이 생긴다. 집값만 거품이 아니라 개인 소비생활에서의 거품도 꺼지는 것이다.

이런 현상은 비단 집에서만 나타나는 것이 아니다. 주식에서도 마찬가지다. 자기 여윳돈으로 투자한 경우는 주식 가격이 떨어지면 손해 보고 만다. 그러나 여윳돈이 아니라 남에게 빌려서 투자한 경우라면 앞서 집의 경우처럼 주식 가격보다 내 빚이 더 큰 경우가 생긴다.

가장 큰 투자 위험, 거품

이번 서브프라임 사태에서 다시 확인하는 투자의 원칙은 새로운 것이 아니라 오랫동안 내려온 이론일 뿐이다. 분산투자의 원칙, 즉 위험도가 다른 여러 종류에 투자해서 한꺼번에 잘못되는 최악의 상황을 피해야 한다. 분산투자에서 많은 투자자들이 간과하는 분야는 현금 부분이다.

현금은 이자를 받는 엄연한 투자 자산이다. 이 현금은 인플레이션이 심해지면 가치가 떨어지고 반대로 물가가 하락하면 가치가 올라간다. 그래서 인플레이션과 디플레이션의 위험을 골고루 대비한다면 일정 비율의 현금은 항상 유지해야 한다.

그러나 실상은 인플레이션이 심해지면 대부분 투자자는 현금을 버린다. 현금 비중을 거의 유지하지 않고 가격 상승이 빠른 주식이나 부동산에 투자를 집중한다. 그리고 만약 그 가격 상승이 이번 서브프라임 사태처럼 거품이었고 자산 가격이 줄어들면 그대로 다 손해를 감수하게 된다.

투자자의 입장에서 어느 시대가 거품인지 아닌지 확실하게 판단하기 어렵다. 세계 경제의 최고 수장이라던 그린스펀조차도 거품이 이렇게 심했는지 2005년이 지날 때까지 몰랐다고 하니 평범한 사람들은 말할 것도 없다.

그런데 투자의 위험 중 거품 붕괴에 당하는 위험만큼 큰 위험은 없다. 가장 큰 위험을 알 수가 없으니 답답할 노릇이다. 그렇다고 앞으로도 거품의 위험에 속수무책은 아니다. 분산투자가 대비책이고, 특히 분산투자에서 현금을 꼭 투자로 생각하는 원칙이 중요하다. 거품 붕괴 시 가장 가치가 올라가는 자산이 현금이기 때문이다. 거품 붕괴는 현금 대비 자산가치를 다 떨어뜨리는 디플레이션을 가져오는데 그 말은 현금의 가치가 올라간다는 의미임을 잘 새겨둘 필요가 있다.

위험 대비를 위한 두 번째 중요한 투자 원칙은 장세에 의한 투자와 함께 기본적 분석fundamental analysis에 의한 투자를 꼭 병행해야한다는 점이다. 즉 기본적 분석을 활용해 주식 가격 대비 배당률이라든가 이익률, 그리고 장부가 대비 시가 등의 기본 지표가 너무 터무니없어지면 이는 거품일 가능성이 높다고 의심하라는 말이다. 1990년대 IT 산업의 거품으로 말도 안 되는 시장가격까지 치솟았던 나스닥 시장의 경우에서 이 원칙은 확인되었으나 그 이후 불과 5년도 되지 않아 부동산에서 다시 거품을 만들어낸 꼴이 되었다.

주택 가격도 기본적 분석이라 하면 주택소유능력지수라든가 주택 대비 일인당 국민총생산이라든가 하는 자료는 얼마든지 있다. 이 지표들이 너무 비합리적으로 커져나가면 일단 거품을 의심해야한다,

주로 이러한 기본적 분석을 방해하는 가장 요소는 무슨 무슨 불패론이라 일컬어지는 궤변이다. 거품의 시대에는 주택시장 불패론이라든가 정보통신산업의 영구성 또는 대기업은 망하지 않는다는 대마불사론 등의 이론이 판을 친다. 역설적으로 말해서 이런 궤변들이 언론에 나타나면 거품이라고 생각해도 실수가 없을 것이다.

셋째, 투자는 반드시 자기의 여윳돈으로 한다는 철칙이다. 거품이 아니더라도 투자시장에는 상승기와 후퇴기가 반복된다. 그런데 후퇴기에 들어가면 인간의 불안이 커지는 것은 심

리상 당연하다. 이때 자기의 여윳돈이 아니고 절체절명의 돈이라면 단순한 불안이 공포로까지 번진다. 공포는 아주 비이성적 판단을 하게 해 실수가 실수를 낳는 악순환을 가져온다.

그래서 현명한 투자란 없어도 좋은 만큼만 투자를 하라는 것이다. 이를 방해하는 가장 큰 힘은 역시 인간의 탐욕이다. 조금 투자해 돈을 벌면 더 크게 투자했더라면 훨씬 더 벌었을 것이라는 사고에 휘말리게 되면서 점점 더 과감해진다. 이 탐욕은 끝이 없어 나중에는 비이성적 상태에까지 이르는데 탐욕에 사로잡힌 사람들은 자기 자신이 비이성적으로 되었다는 사실조차를 깨닫지 못한다.

탐욕을 관리하는 방법으로 좋은 투자 상담 전문가에게 투자 전략을 맡기는 방식이 있다. 여기에 중요한 전제는 전문가가 '좋은' 전문가여야 한다는 점이다. 전문가라고 맡겼는데 더 위험하게 거래하면 혹 떼려다 붙인 격이 될 수도 있다. 전문가는 인격과 경험을 두루 갖추어야 한다. 사회의 건강한 발전을 믿고 정상적인 투자 행위를 권장하며 오랜 기간의 시장이 오르고 떨어지고 하는 과정을 겪음으로써 항상 많은 위험에 대비할 수 있어야 한다.

넷째로 시간 개념을 항상 염두에 둬야 한다. 내 투자가 앞으로 1년 후를 목표로 하는지 아니면 30년 앞을 목표로 하는지에 따라 투자 구성이 달라진다. 목표 기간이 길수록 좀 더 높은 위험을 감수하더라도 높은 이익을 추구할 수 있고 기간이 짧으면 위험을 최소화해야 한다는 것은 투자의 기본 원칙이다.

투자에서의 위험은 변동성volatility이다. 내 투자액의 가치가 얼마나 큰 폭으로 오르거나 내려갈 수 있는지의 여부가 변동성인데 변동성이 클수록 큰 이익도 낼 수 있지만 반대로 큰 손해도 볼 수 있다. 그래서 변동성은 투자 위험의 척도이다. 변동성이 가장 큰 예가 도박이다. 내 돈을 100% 잃을 수 있는 위험을 걸고 100% 이상의 이익을 갖는 기회가 있으니 그 변동성은 투자금을 완전히 잃을 수도 있을 만큼 위험도가 높다.

그런데 투자 기간이 길면 이 변동성이 높은 위험을 감수할 수 있다. 큰 폭으로 떨어져 손해를 많이 본다 해도 다시 회복할 기간이 충분히 있기 때문이다. 그래서 투자에 있어 목표 기간의 개념이 매우 중요하다. 젊은 투자자는 변동성을 높이더라도 기대수익이 높은 투자의 비율을 올리고 은퇴를 앞둔 투자자는 기대수익이 낮더라도 변동성이 거의 없는 투자의 비율을 올리는 것이 좋은 투자 구성이다.

이상의 원칙 외에도 귀 기울일 만한 투자 원칙은 수도 없이 많다. 그러니 투자를 하겠다면 이러한 원칙을 참고해서 위험 관리의 수비를 갖춘 이후 투자시장에서 돈을 벌기 위한 공격에 나서야 성공할 것이다.

특히 거품의 형성기에는 거의 모든 사람이 투자에 몰두하다가 투자 원칙이 무시되기 쉽고 위험 불감증까지 가져오는 탐욕의 극치에 이른다. 그리고 이 거품이 클수록 나중에 다가오는 현실의 아픔은 크다. 이런 비이성적 시기일수록 수비는 최선의 공격이다라는 말을 깊이 새겨볼 일이다.

한국 사회를 향한 제언

5.16과 개발 독재

　해방과 전쟁을 겪은 후 한국 사회는 정치적 혼란과 부패로 인해 경제 자원의 효율적 배치가 일어나지 못한 채 4.19를 맞았다. 그러나 아직 사회적 소통의 구조가 형성돼 있지 않던 상황에서 억압되었던 시민들의 의사 표출이 자유로워지면서 혁명 후 혼란 상태를 가져왔다.

　이 당시 한국 사회는 사회를 조직적으로 이끌어갈 만한 능력을 갖춘 체제가 미비했고 이에 반해 전쟁이라는 큰 시련을 겪고 냉전의 논리에서 미국의 안보체제 전선을 위해 강화되어 온 한국의 군 조직은 조직력과 군사력에서 전체 사회에 비해 훨씬 앞서가는 비대칭이 형성되었다.

이러한 비대칭은 군의 사회 참여 동기를 부여하기에 이르렀고 4.19 혁명 이후 혼란상을 기회로 5.16 군사 쿠데타가 발생한다. 군의 정치 참여는 물리적 힘으로 국정을 장악했으나 정신적으로는 쿠데타라는 한계를 계속 지니고 있었다. 쿠데타 주도 세력은 이 콤플렉스를 극복하기 위한 정치적 명분으로 경제 성장을 내세웠다.

경제 성장의 명분은 곧바로 정권의 정당성으로 연결되면서 군사 정권은 대대적 경제 개발 정책을 시도한다. 당시 경제 여건이 제대로 안 되었던 한국 사회에서 가장 기댈 만한 자원은 인력이었다. 비조직화 되어 있던 한국의 노동력을 결집하는 데 군사 문화가 효과적으로 작용하면서 가시적 성공의 기반을 만들었다.

유휴 노동력이 많은 한국은 노동집약적 산업에서부터 국제 경쟁력을 갖추어갔고 교육 수준과 성취동기가 높은 한국 노동력은 국제시장에서 폭발적으로 발돋움한다. 그러나 이 과정에서 경제 개발 정책에 따른 계획경제식 경제구조는 정권과 협력이 잘 되는 기업에 유리하게 작용하면서 대기업화와 정경 유착이 발생한다. 즉 국가 단위의 경제 개발 정책 시행은 사회 자원의 분배가 정권에 의해 지배되기 때문에 정권과 가까운 기업일수록 유리한 경쟁력(그 경쟁력이 전체 사회의 시각에서 자원 배분의 가장 효율적인 결과를 가져오는 문제와는 상관없이)을 갖게 될수밖에 없다.

일반적으로 많은 개발도상 국가들이 개발 독재의 형식을 취할 수밖에 없는 이유는 한국의 경우에도 그대로 적용된다고 하겠다. 경제 인프라가 없는 상태에서 개발을 효과적으로 이끌어내기 위해서는 조직력을 갖춘 세력이 지휘하는 독재적 방식이 효과적이기 때문이다. 그리고 정권적 차원에서 빠른 속도의 개발을 이끌어가려면 그 상대 역할인 기업은 대기업일 개연성이 크다. 왜냐하면 정부 차원의 경제 정책의 시행은 대부분 규모가 큰 사업이기 때문에 개발 독재의 수행 기업은 점점 대기업화할 수밖에 없는 것이다.

제3공화국의 경제 개발 논리는 중앙집권적 자원 배분의 원칙으로 계획경제의 성격을 강하게 띠고 있었는데 이런 논리는 정당성의 콤플렉스를 갖는 정권의 유지비용과 맞물리면서 자원의 효율적 배분이 왜곡되는 태생적 한계를 지니고 있었다.

그럼에도 불구하고 한강의 기적이라 불릴 정도의 국제 경쟁력 확보가 가능했던 가장 큰 기여 요소는 무엇보다도 노동자들에게 있었다. 노동자들이 애국적 차원에서 헌신했다는 정서적 낭만주의를 말하는 것은 아니다. 전체적인 유휴 노동력이 산업화로 생산 현장에 들어갈 기회가 주어졌고 이때의 노동 참여가 한국 경제의 성장에 가장 크게 기여했다는 뜻이다. 서독 광부와 간호사 그리고 월남전 참전으로 산업자본의 터전이 생겼고 여기에 노동집약적 산업이 직업의식이 높았던 노동자의 고생산성과 연결되면서 국제 경쟁력을 갖게 되었던 것이다.

요약하면 한국 경제 개발의 일차적 시기라 할 수 있는 3선 개헌 전후까지의 시기는 정부 주도의 산업자본 차관 도입, 차관 분배에서의 중앙집권적 의사결정으로 대기업형 기본 구도 형성, 사회 인프라의 속성 완성, 유휴 잠재 노동력의 대거 산업화 참여에 의한 노동 생산성의 급상승으로 요약될 수 있으며 이 생산성의 급상승이 한강의 기적에 초석이 되었다고 할 수 있다.

3선 개헌과 유신

그러나 3선 개헌 이후 정당성을 잃은 군부 정권은 정권 유지를 위한 노력에 최우선을 두게 되는데 이 과정에서 정경 유착을 통한 비자금의 형성과 이로 인한 산업구조의 왜곡이 가속화된다. 그중 가장 심하게 충돌이 일어났던 영역이 생산성이 증가한 노동자들이 시장경제 원칙에 따라 합당한 대가를 요구했던 노동계였다고 할 수 있다.

배고픈 시절에는 일자리가 생겼을 때 노동의 생산성에 비해 낮은 급여라 해도 좋은 기회였다. 그러나 수출이 대단위로 늘어나고 경제가 중진국의 위치에 들어서면서 인플레이션의 압력이 생기고 노동자도 노동 생산성의 가치에 눈을 뜬다.

이에 따라 노동에 대한 정당한 임금과 처우를 요구하는 목소리가 커지는데 이런 사회적 변화를 인정치 않던 집권 세력이 정당한 노동권의 요구를 강권정치로 막자 노동계는 인권적 차원의 문제로까지 연결해 저항한다.

YH 사건으로 상징화된 노동운동의 절정은 끊임없이 이어져온 4.19 정신의 인권과 민주화 운동이 노동시장의 노동권에 대한 정당한 보상 요구와 연결된 결과라 할 수 있다. 그리고 이를 강압적으로 막으려는 정권에 파국을 가져온 것이라고 분석된다.

이 과정에서 주목할 만한 점은, 결국 시장경제의 원리인 사유재산 인정의 철학은 가장 중요한 노동의 소유에 대한 주장으로 나타나게 되고 노동의 시장가격의 인정은 궁극적으로 인권의 문제와 겹치게 된다는 사실이다.

한국 사회에서 개발 1기, 즉 3선 개헌 전까지 노동의 시장원리가 통하지 않았던 이유는 어떤 강제적 탄압보다도 그 이전까지 한국 사회에 시장경제의 원리가 없었기 때문이라고 보는 편이 더 설득력이 있다. 처음으로 산업화 현장에 나가 조금이라도 임금을 받는 자체가 충분한 보상으로 인식되었기에 노동의 계약 개념이 없었던 초기 자본주의의 현상으로 이해되는 것이 좋다.

그러다 산업화가 진행되면서 노동자들의 현실 인식이 수요 공급에 의한 정당한 보상을 요구하기에 이르는데 이 수요 공급의 원칙을 공권력으로 억제를 하다 보니 사회문제로 확대되면서 인권 정신, 민주화 운동의 힘과 폭발적으로 합쳐진 것이다.

한편 수출 드라이브를 위해 환율의 절상을 인위적으로 막았는데 환율의 인위적 절하는 필연적으로 국내 인플레이션을 유발한다. 이 과정에서 수출의 과실이 노동계에는 돌아가지 못하고 인플레이션의 압박만 받게 되니 노동과 자본의 갈등은 훨씬 더 심각한 사회문제로 확대되었다.

종합적으로 한국 경제의 개발 2기, 즉 3선 개헌 이후부터 유신체제 몰락까지의 기간은 시장원리에 따른 자유로운 노동 거래에 대한 노동자들의 요구가 현실화 되었는데 이를 구시대적

발상에 따라 공권력으로 억제하다 몰락한 기간으로 볼 수 있다. 정당성을 잃은 정권 유지가 정경 유착과 자원 배분의 왜곡을 심화시키면서 재벌이 본격적으로 형성되고 음성적 이윤 확보가 커졌으며 수출 드라이브에 의한 환율의 인위적 저평가로 인플레이션이 유발되면서 자산 보유자의 부가 커져 사회적 갈등이 심화된 시기였다.

문민정부, 그리고 IMF 위기

결국 경제적 갈등이 도화선이 돼 인권 운동으로 확대된 유신시대는 정권의 비극적 종말로 끝이 났으나 다시 군부 독재를 이어받은 제5공화국 정권의 탄압 정치로 노동계는 억압되었고 1980년대는 제2의 개발독재 시대를 맞게 된다.

비록 탄압 정치로 사회적 안정을 찾는 것 같지만 이미 경제에 널리 퍼져 있는 왜곡은 정경 유착과 대규모 비리 사건의 연속으로 더욱더 극심한 상태에까지 빠지고, 급기야는 경제 질서에 대한 불신과 사행심이 당연한 것으로 인정되는 추락의 길을 걷는다.

그러다 문민정부의 탄생으로 탄압의 기세가 풀리면서 정치적으로 해방된 한국 사회는 전 세계적인 정보통신 산업의 융성과 이에 따른 유동성 팽창의 거품기에 접어든다. 외환의 풍성함으로 외화 대출이 커지고 대출의 팽창은 부채비율이 높은 기업 활동을 촉진했다. 그러나 결국 미국의 강달러 정책의 시작으로 1990년대 후반 갑자기 줄어드는 국제 유동성으로 인해 IMF 사태를 맞게 되는 아픔을 겪었다.

2년간 도산 기업이 줄을 잇고 은행권의 불안이 커지는 고통을 겪고 난 후 다시 미국을 위시한 선진국늘의 유동성 팽창에 힘입어 아시아 국가들은 유동성 위기를 벗어나기 시작하는데 한국은 그 중에서도 가장 빨리 탈출하는 저력을 보였다.

한국의 5대 산업의 국제 경쟁력과 정보통신 산업의 빠른 도입은 한국을 어느 국가보다 빠르게 발전시키는 데 도움이 되었으며 이러한 국가 경쟁력은 다시 늘어난 국제 유동성을 끌어들이는 데 큰 작용을 했다고 평가된다.

그 이후 다시 카드 대란을 겪었지만 정부의 원활한 대응과 전 세계적인 경제 성장으로 무난히 극복하면서 경제가 안정권에 들어섰다. 그러다 2003년부터 나타나기 시작한 전 세계적 버블 현상으로 한국도 금융 부동산 투기의 열풍에 뛰어들기 시작한다. 그리고 지금 버블의 제거 과정에서 커다란 도전을 받고 있다.

한국 경제의 독특성이 남긴 숙제

이상의 한국 현대 경제 발전 과정을 보면 한국 경제에 남긴 숙제를 정리할 수 있다. 첫째는 자본주의 게임의 법칙을 준수하는 것이다. 게임의 법칙 무시는 개발 독재라는 방법론이 가져온 당연한 귀결인데 자본주의의 시작은 사유재산에 대한 개념의 변화라는 점을 주목하면 게임의 법칙과 개발 독재의 상반 관계를 알 수 있다.

서구에서 자본주의가 발전하던 시점은 그 이전 봉건적 사회 구조이던 봉건 영주와 사회 자본의 관계가 변하던 시점이다. 봉건주의까지는 사회의 생산자원이 모두 봉건 영주에 속했던 데 반해 자본주의는 노동을 포함한 생산자원의 소유권이 인정을 받는 데서 시작된다.

시장경제의 핵심인 효율적 시장의 가정에서 지적되듯 시장은 자발적 수요자와 공급자가 만들어내는 교환이 필수이다. 이 정신은 각자의 소유에 대한 외부적 강탈이 있을 수 없다는 말이고 이는 바로 사유재산의 인정을 뜻한다. 이때 사유재산에 대한 권리를 보장하고 자유롭게 교환할 수 있도록 해주는 것이 사회를 지배하는 게임의 법칙이 된다. 따라서 게임의 법칙은 사유재산의 인정을 위한 필수불가결한 요소이고 모든 사람은 자신의 소유를 지킬 권한이 있다는 기본권과 연결된다.

그런데 한국의 경우는 자본주의를 내세웠지만 그 내용을 보면 개발 독재의 주체인 정권의 계획대로 경제를 이끌어갔기 때문에 진정한 자유 시장 경제의 원리가 유지될 수 없었다. 또 북한과의 대치 상황 때문에 어느 정도 기본권을 제한한다는 논리가 주장되고 또 인정되면서 게임의 법칙은 정권에 의해 자의적으로 정해지는 분위기가 형성되었다. 게임의 법칙의 완화는 정경 유착으로 상징되는 부패의 바탕이 되었고 정권이 정당성을 잃으면 잃을수록 게임의 법칙은 더 무시되었다. 게임의 법칙의 무시는 사회적으로 교육적으로 요령주의를 배태했으며 결과가 과정을 정당화해주는 사회구조를 형성했다고 판단된다. 그 결과 한국에서는 조그마한 권력이라도 모두 부패의 대상이 되었고 '총체적 난국'이라는 표현으로 상징되듯 거의 모든 공직과 기업의 먹이사슬이 당연시되었다.

두 번째 숙제는 군사 문화의 영향으로 인한 경제구조의 비합리성이다. 군사정권에 의해 추구된 경제 개발 정책은 기업 문화의 많은 부분에 군사 문화의 잔재를 남겨주었다. 우선 군사혁명으로 많은 공직자가 군부 출신으로 채워지면서 공직사회와 가장 많은 접촉을 하는 기업 문화도 군사 문화로 적응해 갔다.

여기에 병역의 의무화로 대부분의 남성들이 군대를 갔다 오면서 사회 체험의 첫 기반을 군사 문화 속에서 쌓게 된다. 따라서 기업에 가장 큰 영향력을 갖고 있는 공직사회의 군사 문화와 기업의 인력들이 개인적으로 체험해 갖고 있는 군사 문화는 서로 잘 화합되면서 기업 문화의 근본구조를 군사 문화로 만들어갔다.

군사 문화는 명령체계와 비합리성에 대한 무조건적인 복종을 생명으로 한다. 게임이론에서 잘 설명하고 있듯 군사 문화는 합리성과 상충될 수밖에 없다. 전투에 나간 군인의 경우 이긴다 해도 내 자신에게는 별 이득이 없고 전쟁에서 죽으면 나만 손해인 게임을 개인이 선택할 리가 없다. 따라서 군대가 존재하려면 비합리적 명령에 대한 거부권을 애당초 인정하지 않는 문화가 형성되어야 한다.

이 군사 문화가 기업과 경제에 끼친 긍정적 영향은 개발 독재의 성과라 할 수 있다. 전혀 기반이 없던 상태에서 시장경제를 체득하고 발전하기에는 너무 시간이 없었고 대규모 사회간접자본의 투자 같은 결정은 엄두를 낼 수 없다. 이때 명령 체계를 근본으로 하는 군사 문화는 결과에 대한 확신이나 과정의 합리성을 떠나 수행하라면 해야 하는 힘을 주었다.

그러나 군사 문화는 개발 독재가 이루어낸 경제 발전 이후 부담으로 남게 된다. 비합리성의 인정과 명령 체계로 인해 독재가 이루어지고 재벌 체제에서 흔히 나타나듯 권위주의를 통해 사주의 절대적 권력을 인정하도록 하면서 세습적 기업구조를 고착시키는 토대가 된다.

또 군사 문화는 비합리성의 인정으로 인해 단기적 사고를 조장한다. 일단 명령이 떨어지면 어떻게든 수행해야 하므로 수단과 방법을 가리지 않는 사람이 인정을 받게 되고 나중에 어떤 후유증이 온다 해도 일단 지금 당장 현안을 해결해야 한다는 강박관념이 형성된다. 장기적 사고는 도태되기 쉽다는 말이다.

세 번째 숙제는 사회와 개인의 목표의 획일화다. 정권의 정당성에 항상 콤플렉스를 느껴왔던 군사정권은 그 대안으로 경제적 부를 국민에게 약속함으로써 정당성을 확보하려 했다. 박정희 정권도 그랬고 다시 제2의 쿠데타로 탄생한 전두환 정권도 복지를 제1의 기치로 내세웠다.

그러나 부의 약속을 통한 정권의 정당화 노력은 부를 이루기 위해 정권의 도덕성과 정당성은 뒤로 미루어질 수도 있다는 논리를 합리화시키고 있다. 즉 부도덕하고 정당한 절차를 거치지 않은 정권이라 하더라도 잘살게 해주면 좋은 정권으로 인정받는다는 논리이다. 이로 인해 한국 사회에서의 정신적 가치관은 밀려나고 일단 잘사는 것이 최고의 가치로 지배하게 된다.

한국 경제의 폐단 1 : 부에 대한 집착과 과시욕

　이렇게 세 가지 큰 숙제는 곧바로 한국의 경제구조의 폐단으로 나타난다. 우선 부에 의한 가치관의 획일화다. 부를 가지면 대접 받고 인간으로서의 위상도 올라가는 문화를 만들다 보니 부를 축적하기 위한 노력은 거의 절대적이 되고 있다. 재테크 서적이 판을 치고 만나서 나누는 대화는 어떻게 돈을 벌었는지에 집중된다. 사회질서가 부의 순위에 의해 정해지고 있다. 아이들의 교육에서도 돈을 벌 수 있는 가능성에 의해 장래가 정해진다. 대학의 인기 전공은 모두 돈을 버는 잠재력과 연결돼 있다.

　다음은 부의 축적 방법에 대한 가치 판단이 이루어지지 않는다. 불법으로 인정되면 운이 나쁘다는 식의 생각이 퍼져 있다. 어떤 방법으로든 돈을 벌면 된다는 생각이 은연중 자리 잡는다. 정상적 경제 성장의 원동력인 창의와 노력은 별로 높이 평가되지 않는다. 투자를 통해 부를 더 축적한 사람이 사회적으로 인정받다 보니 실질적 부가가치를 창조해야 할 실물경제에서의 창의성과 성실성은 그다지 인기가 없다.

　이런 분위기에서 유동성 장세는 불에 기름을 붓는 형국이 된다. 일단 많은 돈을 가져야 한다는 부에 대한 절대적 집착은 쉽게 부를 만들 수 있는 경제적 여건이 조성되면 강한 쏠림 현상이 나타난다. 주식이나 부동산에 유동성 장세는 일단 불이 붙으면 갑자기 열기가 오르고 스스로의 논리를 만들어가면서 거품을 키운다.

이 거품으로 부가 늘었다는 인식을 갖고 바로 과시욕 경쟁에 들어간다. 경제 수준보다 더 높은 소비를 하는 계층이 나온다. 과거에는 부동산 졸부가 이런 행태를 보였는데 이번에는 주식시장의 금융공학도들이 졸부가 되었다.

이러한 과시성 소비는 브랜드 값이 비싼 고가 명품 소비를 키우고 웰빙이라 하여 삶의 질을 높이는 소비를 키웠고 해외 조기 유학을 조장했다. 문제는 바로 소비의 양태가 상당 부분 외국으로부터의 수입된 제품이거나 외국에서의 소비라는 점이다. 국내 산업은 별로 발전하지 않는데 유동성 장세로 돈을 벌어 외국 수입품을 사고 해외로 여행과 유학을 갔으니 그 결과는 어떻게 될지 뻔한 일이다. 다시 강조하지만 유동성 장세로 버는 돈은 결국 빚이기 때문에 이렇게 빚을 늘려 외국만 배불려주는 경제는 언젠가 터질 수밖에 없다.

한국 경제의 폐단 2 : 게임의 법칙 무시

둘째로 한국 경제에 왜곡을 가져온 분야는 게임의 법칙이 지켜지지 않으면서 투명성이 부족한 투자시장을 만들고 있다는 데 있다. 개발 독재, 군사 문화가 가져온 목적의 수단 정당성이 만들어놓은 현재의 모습이다. 게임의 법칙이 완전히 인정되지 않는 문화는 공권력의 자의적 적용과 공기업의 투명성 결여를 가져온다.

한국 사회의 공권력은 개발 독재 시대에 아주 효과적인 사회 개발과 개혁의 수단이었지만 그에 대한 부작용은 공직사회의 부패와 일종의 내부자 거래의 폐단이었다. 내부자 거래insider transaction란 투자 대상이 되는 기업이 기업 내부의 주요 정보를 모든 투자자에게 공평하게 공개하지 않고 내부 정보를 알 만한 사람들이 이를 미리 이용해 부당이득을 취하는 거래를 말한다.

예를 들어 어느 기업이 새로운 개발을 했는데 이 정보는 기업의 임원들은 미리 알 수 있다. 만약 이 임원들이 먼저 자기 회사의 주식을 사두었는데 나중에 그 정보가 공개되면 주식시장에서 값이 올라 큰 이익을 취할 수 있다. 반대로 뭔가 나쁜 정보가 있을 때도 내부 임원이 먼저 주식을 팔아서 손해를 피할 수도 있다. 그래서 법으로 일반 투자자보다 정보를 먼저 받을 수 있는 내부자는 정보가 공개되기 전까지 주식 거래를 못하게 돼 있다.

공직사회의 부패와 내부자 거래의 위험이 연결돼 있는 이유는 정부의 개발 계획을 미리 알게 되는 고위 공직자나 담당 직원이 미리 그 지역에 땅을 사거나 주변 사람에게 정보를 흘려 대신 사게 하는 경우처럼 공직자가 정보를 미리 흘려줘 받는 대가가 바로 부패의 원인이기 때문이다.

개발 독재 시대에 이러한 권력형 비리가 많았던 이유는 바로 게임의 법칙을 준수해야 하는 자본주의의 정신적 배경이 무시되었기 때문이고 이로 인해 형성된 구조적 공권력과의 결탁은 무전유죄 유전무죄라는 냉소적 분위기를 만들어내고 있다. 이 부분은 거품 형성에 있어 혼란을 가중시킨다. 게임의 법칙이 무시되는 사회에서는 짜고 치는 작전이 투자시장에서 발생한다. 그러다 보면 일반인들은 이 내부자 정보에 귀를 기울이게 되고 그 과정에서 본질적 투자 원칙은 별로 중요치 않게 된다.

어떤 방법을 쓰더라도 돈을 벌면 된다는 목적의 수단 정당성은 결국 게임의 법칙을 무시하게 되고 이런 시장에서는 누가 더 고급 내부 정보를 가졌는지에 신경 쓰게 되다 보니 투기가 난무할 수밖에 없다. 그래서 이런 시장은 거품이 더 크게 형성되고 거품이 터졌을 때 그 후유증이 훨씬 클 수밖에 없다.

글로벌 금융 위기와 한국

서브프라임 사태는 한국에도 충격을 던지고 있다. 세계적 유동성 장세로 인한 거품은 한국에도 예외가 없었고 이 거품의 붕괴로 한국의 주식시장이 폭락하고 부동산시장도 흔들거리고 있다.

획일화된 가치관으로 금권주의가 활개를 치면서 상대적으로 미국보다 더 심하게 생활수준을 높였다. 자동차나 아파트, 외식 문화, 명품에 대한 집착 등 사치로 위상을 높이는 데 열을 올린 모습이다. 청년 실업이 심각한데도 경제의 한구석에서는 명품 생활을 하고 있었고 누구나 빚을 내서라도 그 생활을 쫓아가야 했다. 획일화는 모두에게 남처럼 해야 한다는 강박관념을 가져왔고 게임의 법칙의 무시는 이를 이루기 위한 요령을 발전시켰다. 이로 인해 한국 사회는 거품이 더 컸을 가능성이 크다. 이 점이 한국에서의 거품 붕괴 과정이 미국과 다른 길을 갈 수 있는 특수성이다.

거품 붕괴가 경제를 파괴하지 않도록 대응하는 데는 정부의 역할이 너무 중요하다. 그런데 한국은 바로 개발 독재의 잔재로 인해 한국만의 특수 상황적 변수가 또 하나 있다. 정부에 대한 불신과 이념의 갈등으로 인한 방향성의 혼재이다.

정부에 대한 불신

게임의 법칙이 순수되지 않는 사회 분위기에서는 정부가 구제해준다 하면 뭔가 특혜를 받는 계층이 있을 것이라는 피해의식이 있어 효과적인 정책 수립이 어렵다. 무슨 정책을 해도 거센 비판에 휘말린다. 수혜 계층은 비판 앞에 숨죽이다 보니 정부만 욕을 다 먹을 수밖에 없고 더 나아가 서로 파헤치기 식의 이전투구로 가고 만다. 정부의 부동산 대책을 보면 이런 혼란상이 많이 나타난다.

부동산 가격이 너무 올라 경제에 역기능을 가져온다는 진단 아래 부동산 가격을 잡겠다고 조치를 취했다. 그래서인지 아니면 거품 붕괴의 영향인지 부동산시장은 얼어붙었고 이제 와서는 부동산 투기 억제 정책 때문에 경제가 힘들다고 한다.

그래서 새 정부는 부동산 투기 억제 정책을 다시 검토해서 부동산시장을 활성화시키겠다는 구상을 한다. 그러자 이젠 부자만 특혜를 받게 해준다고 반발이다. 원래 투기 억제책이 부자를 억압해서 부동산 값을 잡겠다고 했으니 반대로 부동산 가격을 올리려고 그 억제책을 다시 풀면 부자에게 혜택이 되돌아가는 것은 어찌 보면 당연하다.

이렇게 해도 안 되고 저렇게 해도 안 되는 난처한 입장이다. 바로 불신의 대표적 현상이다. 이렇게 정부가 불신을 받으면 국가적 금융 위기와 경제 위기를 풀어나가기는 더욱 힘들어진다.

이 거품 붕괴의 위기는 결국 전 국민이 허리띠를 졸라매고 과거 생활수준으로 돌아가야만 해결이 될 텐데 누구나 올라가기는 쉬워도 내려가기는 싫어하는 인간의 속성을 가지고 있다면 긴축은 국가적 리더십으로 끌어내야 한다. 그렇지만 정부의 역할이 제대로 되기도 힘들고 정부 또한 그 정책의 입안이나 실시에 있어 공정한 게임의 법칙을 지키고 있는지도 알기 어려운 현실에서 과연 신뢰를 갖지 못한 정부가 주도적으로 위기를 극복해갈 수 있을까? 이것이 한국이 처한 두 번째 특수성이다.

진정한 자본주의의 안착

이번 위기를 극복하면서 한국은 금융 위기와 경제 위기를 벗어나는 피땀 어린 노력을 할 것이다. 그러나 한국에게는 그 독특한 과거 개발 독재의 잔재를 극복해야 하는 또 다른 도전을 받을 것이다.

IMF 때와 비슷하게 지원을 받을 수도 있고 해외 자본을 유치해 투자를 늘려 위기를 극복할 수도 있다. 그러나 이러한 해외 투자는 지난번 IMF 때와 같이 한국 경제에 많은 변화를 요구할 것이다. 그 중에서도 게임의 법칙에 대한 준수와 투명성의 요구는 분명히 커질 수밖에 없다.

그렇다면 이번 위기 극복 과정에서 한국은 정면으로 이러한 사회의 정신적 가치관의 격상을 가져올 수 있는 좋은 계기를 만날 수 있다. 즉 고급 자본주의를 키울 수 있는 좋은 기회라는 말이다.

이제 내부자 거래와 공권력과의 결탁, 자의적 공권력의 억제와 같은 사회 정화가 이루어져야 한다. 2007년 한국 내 최대 재벌의 떡값 사건은 한국 기업의 문제일 뿐만 아니라 한국 공권력의 현상을 보여주고 있다. 오죽했으면 재벌이 탈세의 위험을 감수하면서도 비자금을 만들어 공권력을 관리했겠는가.

결과는 그 재벌 기업만 혼나고 끝났다. 아직도 개발 독재 시대의 잔재가 남아 있다는 확실한 증거다. 왜 비자금을 준 기업은 심판을 받는데 이보다 더 높은 차원의 공직자 윤리에 대해서는 결과가 없는가. 이유는 간단하다. 그를 심판해야 할 주체가 바로 그 심판의 대상이기 때문이다.

이러한 공권력에 대한 견제가 없는 상태에서 한국 경제의 선진화는 외형에 머물 가능성이 크다. 공권력의 견제가 없는 한 한국에서의 게임의 법칙은 권력 앞에 항상 시녀처럼 끌려다닐 수밖에 없기 때문이다. 그리고 게임의 법칙이 지켜지지 않는 사회에서 건강한 사회구조는 상상을 할 수 없다.

건강한 경제 사회 구조

건강한 경제는 생산성 향상에 기초한 경제성장이 진정한 성장임을 믿는 토대에서 구축된다. 생산성의 증가는 창의성과 성실성에 있다. 사회가 창의성과 성실성을 존중한다면 각자의 영역에 대한 존중이 생기고 이는 다양한 가치관을 인정하는 계기가 된다.

돈을 벌면 가치가 올라간다는 천민자본주의의 가치관은 유동성 장세에서 꽃을 피웠다. 유동성 장세만큼 획일적 배금주의를 실천하기가 쉬운 배경도 없다. 남보다 머리를, 그것도 잔머리를 더 쓰면 쉽게 돈을 벌 수 있기 때문이다. 한국 사회의 획

일적 가치관과 게임의 법칙 무시는 유동성 장세에서의 일확천
금 형성과 궁합이 너무나 잘 맞는 것이다.

그런데 이제 이 유동성 장세에 의한 거품은 꺼지고 있다. 허
세는 사라진다. 성실히 일하고 창의적으로 일한 대가로 부를
축적하는 원리가 힘을 펼 수 있는 토대가 마련된 것이다. 여기
에 경제 당국자의 역할이 있다. 그것은 시장경제의 원리를 현
재 한국에 가장 큰 관심과 가치 영역인 경제에서 제대로 시행
하는 것이다. 군사 문화, 개발 독재의 힘이 가난했던 한국을 빠
른 시일에 경제대국으로 만드는 데 기여했다면 이제부터는 군
사 문화와 개발 독재가 남겨놓은, 선진 경제 리더로 발돋움하
는 데 장애가 되는 잔재를 제거해야 한다.

정신적 가치 개혁

획일화된 가치관의 사회에서 인간성은 말살된다. 인간의 외
적 소유로 인간의 격이 결정되는 물질주의 구조에서는 가진 자
와 못 가진 자로 나뉘게 되고 그 사회 꼭대기에 있는 계층을 제
외하고는 모두 패배의식에 사로잡힐 수밖에 없다. 항상 나보다
더 가진 자가 위에 있으니 상대적으로 나는 못난 인간으로 취

급받기 때문이다.

이 패배의식은 우상에 의해 보상받는 위험에 빠진다. 국제 무대에서 한국인이 이루는 성과를 필요 이상으로 나와 동일시하면서 이를 이룬 사람들을 우상화한다. 아니면 문화적 향유를 통해 나를 부각시키면서 허영에 빠질 수 있다. 명품 집착증이 그 한 예이다. 다 정신적 일탈 현상이다.

경제구조에서의 정신적 가치 개혁을 포기한 채 정신적 일탈로 해결하는 것은 과거 전체주의에서 경험한 것처럼 고립주의와 지나친 민족주의로 확대될 가능성마저 배제할 수 없다. 따라서 결자해지의 원칙으로 우리가 단기 경제성장을 위해 사용했던 도구들을 과감히 청산하고 새로운 화합과 가치의 구조로 우리 문화를 성숙시켜야 한다. 이 길은 다름 아닌 시장경제 원리의 진정한 실천이다.

시장경제의 원리인 사유재산권을 인정하고 이를 보호하기 위한 게임의 법칙을 존중하는 것은 단순한 방법론이 아니다. 이는 모든 개인의 권리를 인정하는 인권 확장의 바탕이고 공정한 사회에서 노력하는 사람이 그 성실성으로 인정받는 사회를 만들어가는 초석이다.

투명성이 바로 이 게임의 법칙이 준수되기 위한 기초이면서 반대로 게임의 법칙이 감시해야 할 가장 중요한 부분이다. 투명성은 불특정 사회에 대한 도덕성의 실천이다. 정당한 공개fair disclosure는 사회에 대한 인격의 약속이다.

게임의 법칙은 사회의 약속이다. 소수 계층의 편의를 위해, 아니면 과거 개발 독재 정권의 경우처럼 소수 계층의 부당한 이익을 위해 게임의 법칙을 쉽게 바꿀 수 있다고 하면 당연히 권력에 있는 공직자에게 뇌물이라는 유혹이 따른다.

게임의 법칙 준수와 이를 위한 투명성 확립은 부의 추구가 불법적이면 제거되고 처벌되는 사회를 만든다. 그리고 그렇게 되면 부의 축적이 최고의 목표가 되는 획일화된 물질적 가치관이 많이 줄어들고 부를 창조한 창의력과 노력이 칭송받는 생산적 사회의 기틀을 만들 것이다.

인간이 만든 사회는 자본주의 시대에 들어 막대한 생산성 향상을 이루어냈다. 그러면서 부의 창출이 사회의 가장 중요한 가치관으로 나타나고 있다. 그러나 획일화된 부의 가치관은 인간의 다음 단계의 욕구인 정신적 가치관과 자아실현의 욕구를 파괴한다. 자본주의가 이러한 가치관의 허무를 가져온다고 몰아세우는 논리는 공산주의에서 주장되었다.

그럴 수도 있다. 그러나 공산주의 이론이 자본주의의 맹점을 잘 지적했다고는 하나 그 자체가 대안이 되지는 못했다. 첫째는 공산주의를 시행한 지도 집단의 이기심과 부패를 방기했고, 둘째는 자본주의도 그 깊은 정신적 가치, 즉 사유재산권의 인정과 게임의 법칙의 존중을 준수한 국가들, 즉 미국과 서유럽에서는 노동의 소외 현상과 빈부 차이의 문제를 조화롭게 해결하면서 현재 가장 잘 이루어진 시스템으로 인정받기 때문이다.

이번 글로벌 금융 위기의 파장으로 한국도 고통을 겪고 있다. 그러나 5천년 역사의 힘을 가진 한국은 반드시 누구보다도 먼저 이 시련을 극복할 것이다. 그러면서 이 과정에서 그동안 등한시 되었던 시장경제의 정신적 가치관을 확립한다면 한국은 경제 대국만이 아니라 성숙한 경제 리더로 발돋움할 것이다.

경제의 근본
: 위기를 넘어

04

"경제의 근본 토대는 튼튼하다"

1929년 증시 대폭락을 전후해 금융 당국자와 경제 분석가들의 발언 중에서 "경제의 근본 토대는 튼튼하다_{Fundamentals are strong}"는 의미의 발언이 많았다. 당시의 상황이 주식시장의 거품이 제거되는 과정일 뿐 결코 경제의 근본이 흔들릴 정도의 문제는 아니라는 말이다.

경제의 근본 구조가 무엇이기에 주식시장의 대폭락에서 자유로울 수 있다는 말인가. 여기서 지칭하는 경제의 근본 구조는 '아마도' 소비와 기업의 생산을 말하는 것 같다. 아마도라는 단서를 단 이유는 소비와 기업의 생산이 주식시장의 대폭락과 관련이 없을 것이라는 사고가 이해가 가지 않아서이다.

주식시장이건 부동산시장이건 이들의 가격 상승은 부의 효과wealth effect를 통해 소비 수준을 키운다. 통상적으로 소비는 부의 효과보다는 소득 효과income effect에 더 직접적인 영향을 받는다. 이 말은 소비자는 내 재산이 늘었을 때보다는 소득이 올랐을 때 돈을 더 쓴다는 뜻이다.

예를 들어 어느 직장인이 한 달에 1만 달러의 봉급을 받고 50만 달러짜리 집에서 살고 있다고 하자. 이 때 이 직장인의 봉급이 1,000달러 오르면 그 중 500달러 정도를 더 소비를 하게 된다고 하자. 이를 소득 효과라고 한다. 사례의 경우 500달러를 1,000달러로 나눈 50%가 소득 효과로 계산된다.

반면에 이 직장인의 주택이 50만 달러에서 60만 달러로 오르면 재산이 올랐을 때 이 직장인이 10만 달러의 집값 상승을 의식해서 한 달에 500불을 더 쓴다고 하자. 이것이 부의 효과이고 이때 500달러를 10만 달러로 나눈 0.5%가 부의 효과로 계산된다.

상식적으로 보면 대부분 부의 효과는 소득 효과보다 훨씬 작을 수밖에 없다. 우선 부의 효과는 집값의 예처럼 내 손에 직접 돈이 들어온 것이 아니고 평가가치만 증가한 것이기 때문에 피부로 돈이 늘어났다고 느끼지 못한다. 내 자산 가격의 상승만을 가지고 돈을 더 쓰는 것은 쉽지 않다.

둘째로 자산 가격의 상승은 확인하기까지 시간이 오래 걸리고 또 반대로 하락하는 경우도 있다. 그래서 많은 경우 소비에 큰 영향을 주지 못한다. 꾸준히 가격이 오르고 점차 확신이 생기면서 스스로 부자가 된 느낌을 갖기 시작하면 서서히 여유가 생긴다.

따라서 부의 효과가 소비에 직접, 그리고 즉각 영향을 끼치지는 못하기 때문에 부의 효과가 없어진다 해도 소비가 별로 영향을 받지 않을 것이라는 논리는 타당성이 있다. 아마도 이러한 논리에 의해 대공황 이후 당시 경제의 근본 구조는 튼튼하다는 자신감을 표현했는지 모르겠다.

거품이 가져오는 부의 효과의 급상승

그런데 과연 거품이 오래 지속되었을 때 부의 효과가 미미한 정도로 남아 있는지는 살펴볼 필요가 있다. 보통의 자산 가격 상승은 경제성장의 속도와 비슷하게 진행되는 데 반해 거품이 있는 경우 경제성장 속도보다 훨씬 빠르게 진행된다.

그리고 이미 거품을 거품이라 인식할 때는 그 가격 상승이 꽤 오랜 기간을 유지된 이후이다. 통상 몇 년에 걸쳐 믿을 수 없을 정도의 가격 상승을 경험하는 것이 거품이다.

이렇게 오랜 기간에 걸쳐 상당히 가파르게 가격 상승을 경험하면 사회적으로 이 가격 상승을 당연시하는 풍조가 생겨난다. 주식이 매년 20%씩 오르면 많은 투자자의 마음속에 다음 해에도 20%가 오를 것이라는 기대감을 갖게 한다는 것이다.

이렇게 기대감이 현실화되면 그 때는 부의 효과가 다른 양상을 띠게 된다. 평상시 부의 효과는 미미한 반면 거품을 통해 형성된 부의 효과는 소득 효과 못지않은 소비 증가를 가져온다. 그리고 거품이 꺼질 때는 반대 방향으로의 부의 효과가 강하게 나타난다.

대공황 시절 거품에 의한 부의 효과 현상은 주식시장의 붕괴로 급격히 반전된다. 주식시장이 폭락하자 그동안 잘살게 되었다고 믿었던 소비자들은 하루아침에 가난해졌고 부의 효과가 없어지면서 소비는 급감한다.

소비가 떨어지자 기업의 판매가 줄어들고 자연히 기업은 도산하거나 구조조정을 위해 대량해고를 한다. 실업률이 폭등하니 이제는 소득마저 떨어져 소비를 더 위축시킨다. 위축된 소비는 다시 기업을 어렵게 해 추가 도산이 발생하고 감원이 일어나는 악순환이 연속되었던 것이 대공황의 전개 과정이다.

따라서 금융시장의 폭락이 있다 해도 경제의 근본 바탕은 튼튼하다는 말은 한낱 허구이며 거품 붕괴의 길목에서 맨손으로 바람을 막아보려는 애달픈 몸부림의 절규일 뿐이다. 거품 붕괴는 바로 경제 그 자체의 붕괴이고 그 시작은 금융시장에서 일어난다 해도 궁극적으로 실물경제의 축소, 즉 소비 감소와 실업 증가로 귀결될 수밖에 없다.

서브프라임 사태와 실물경제

이번 서브프라임 사태의 과정에서 볼 수 있었던 과소비 현상도 거품 시기에 나타난 부의 효과이다. 이 기간 중 미국의 저축률이 마이너스가 되는데도 소비는 계속 늘어났는데 이에 대한 합당한 설명은 앞으로도 집값이 계속 오를 것이라는 기대감 때문에 굳이 저축을 안 해도 실제 저축한 것과 같다는 착각밖에는 없다. 그것은 집값이 오르니 내가 버는 돈을 다 써도 은퇴자금이나 긴급 상황에서 걱정할 필요가 없다는 안도감이라고 하겠다.

여기에서 더 나아가 오른 집값을 바탕으로 추가 융자를 해 소비하기까지 했으니 부의 효과는 소득 효과보다 더 컸다고 할 수 있다. 미국에서는 집이 현금자동인출기ATM라는 유행어가 될 정도로 집에서 생긴 가격 상승분을 담보로 추가 대출을 해 집도 고치고 자동차도 사고 여행도 다닌 것이다.

드디어 거품이 꺼지고 서브프라임 사태가 미국 금융계를 강타하기 시작한 2007년 8월부터 부시 대통령과 버냉키 연방준비제도이사회 의장을 포함한 고위 당국자들은 심심할 때마다 미국 경제의 바탕은 튼튼하다는 의견을 제시했다. 금융 위기가 실물경제를 심하게 어렵게 하지 않을 것이라는 예견이었다.

마치 대공황 시작기의 재판을 보는 듯했다. 집값의 거품으로 그동안 도에 넘치는 소비를 해 왔고 이로 인해 기업도 성장했고 고용도 늘었다. 주택에 직접적 영향을 받는 건설업과 대부업, 그리고 부동산중개업 등은 말할 것도 없고 외식과 여행 등 거의 전 분야에 걸쳐 거품의 혜택을 받지 않은 산업이 없었다. 더 나아가 정신적 소비라 할 수 있는 명품과 특이한 취미 분야, 웰빙이라 일컬어진 유기농 제품, 그리고 교회 헌금을 위시한 자선사업까지도 부동산 거품의 혜택을 받았다.

모두 오른 집값을 내 돈이라고 생각해 흥청망청 쓴 것이다. 그런데 이제 그 샘물이 말랐다. 마른 정도가 아니라 샘물 주변에 흐르는 물까지도 빨아들이고 있다. 거품의 반대 현상이 나타나고 있다. 소비가 급격하게 떨어지는 것이다. 특히 있어도 그만 없어도 그만인 고가품에서 더 빨리 하락하고 있다.

참고로 미국 자동차 산업을 보자. 미국에서 자동차 판매는 2000년 연간 1,740만 대를 판매해 정점을 이룩했다. 그 이후 조금씩 떨어지는 추세에 들어갔으나 그런 대로 어느 정도 유지를 해 2007년에 1,610만 대로 마감했다.

그러나 금융 위기가 본궤도에 들어선 2008년 하반기 들어 판매는 급감한다. 경제의 근본이라는 소비의 중심인 자동차의 판매가 2008년 9월 기준으로 연간 판매량으로 보면 1,250만 대로 떨어졌고 그 이후 더 떨어질 것으로 예상되고 있다.

이 과정에서 세계 최대의 자동차 생산업체인 GM을 위시해 미국 3대 자동차 기업들이 도산과 다름없는 상태에 들어갔고 심지어 연방정부에 구제금융까지 신청했다.

이렇게 되면 거품이 붕괴한 후 미국 경제가 근본이 튼튼하다는 근거가 어디에 있는지 이해할 수가 없다. 미국은 약 3분의 2가 소비로 이루어진 경제 체제다. 그리고 서브프라임 대출의 전성기 시절 집값을 근거로 소비는 급격히 상승했고 이제 그 거품이 꺼지면서 소비의 주요 원천이 없어진 상태에서 미국 경제의 근본은 이미 파괴되었다고 보는 편이 현실적이다.

과거의 교훈

금융 위기는 거품 붕괴의 결과이고 거품 붕괴는 소비의 대폭 감소로 이어지면서 기업 이익 감소와 구조조정, 그리고 이에 따른 대량 실업으로 연결될 수밖에 없다. 이제 전망은 어떻게 대형 경기 침체 없이 이 위기를 넘어설 수 있는가가 아니라 언제까지 이 조정 과정을 거쳐야 하고 이 과정에서 얼마나 많은 고통이 따를 것이며 그 조정이 끝난 후 경제는 어떻게 될 수 있을 것인가에 초점이 맞추어질 것이다.

이 과정에 대한 전망을 위해서 우리는 세 가지 역사적 과거를 다시 돌이켜볼 필요가 있다. 우리는 과거를 통해 배운다. 항상 새로운 세계가 다가올 것 같지만 중요한 대목에서 역사는 비슷한 경로를 밟는다. 이런 점에서 이번 위기의 전망을 위해 과거 3대 금융 위기의 전개 과정을 간략하게 살펴보자.

(1) 일본의 잃어버린 10년

금융계의 자율화와 창의적 상품이 판을 친 1980년대의 일본은 예외 없이 금융계가 지나친 위험을 감수하면서 투기적 자산 운용을 했고 그 결과 90년대에 들어 거품이 붕괴되고 그로 인하여 실물경제도 장기 하락의 길에 접어든다.

1995년에는 2차 대전 이후 처음으로 은행이 파산한다. 당시 일본 내 5대 신용조합이던 코스모 신용조합의 파산을 필두로 2대 신용조합이던 기츠 신용조합이 망하고 상업은행인 효고은행도 파산했다. 96년에는 한와은행이, 그리고 97년에는 일본 7대 은행이던 니혼신용은행이 정부의 구조조정 대상이 되고 홋카이도다쿠쇼쿠은행이 문을 닫게 된다.

이 과정에서 일본 금융 당국은 어떻게든 은행 도산을 막기 위해 은행이 가진 부동산 대출의 담보가치를 현재 가격으로 하지 않고 대출 당시의 가격으로 인정해주는 등 수많은 회계상의 편법을 동원한다.

그러나 손바닥으로 하늘을 가리는 편법이 통하지 않자 일본 정부는 1998년에 들어 마침내 금융 감독 권한을 대장성에서부터 금융감독원으로 옮기고 국회에서 60조엔의 구제금융안을 통과시키면서 금융 문제의 핵심에 정면 돌파를 시도한다.

이후 정부의 적극적인 개입으로 장기신용은행이 정부에 인수되고 앞서 말한 니혼신용은행이 문을 닫는 등 약 120조엔에 이르는 금융계의 부실 대출에 대한 청소 작업이 시작되었다.

그러나 이 과정에서 일본의 경제는 아주 미미한 성장에 그친다. 1991년부터 2002년까지 일본은 연 1%대의 성장을 함으로써 경제 전체가 어려운 시기를 겪는다.

2001년 개혁을 기치로 등장한 고이즈미 수상의 은행권 개혁도 정부의 미온적인 태도로 별로 진전을 보지 못하다가 2003년부터 경제가 성장을 하면서 부실 대출이 많이 정리돼 그 이전 120조엔에 달하던 부실 대출의 규모가 30조엔 이하로 줄어들게 된다.

이 전체 과정을 보면 일본의 잃어버린 10년은 계속되는 금융권의 부실과 이에 대한 충격을 최소화하기 위해 정부가 회계 기준 변경과 구제금융 등 여러 편법을 쓰면서 버텨보는 동안 거의 이렇다 할 개선이 없었다고 보는 편이 합당한 결론이라고 하겠다.

비록 2003년부터 일본 경제가 기지개를 피면서 살아났다고 하지만 이것은 자생적으로 건강을 찾은 것이라기보다는 이번 서브프라임 사태의 원인인 전 세계 거품의 증가로 반짝 성장한 세계 경제의 혜택에 의한 수동적인 활성화에 불과하다고 해야 할 것이다.

(2) 1980년대 미국 저축대부조합 사태

대공황 이후 미국 금융계는 여러 제약에 묶여 있었다. 그런 중에 이런 제약을 벗어나기 위한 금융공학이 발전해 기업어음 commercial paper, CP이나 증권화securitization가 등장하면서 금융권의 수익성을 크게 떨어뜨리게 된다.

이 약해진 수익성을 보완하고자 1980년대에 들어 미국 은행들은 위험도가 높은 부동산시장과 기업 인수 자금 대출시장에 본격적으로 들어갔다. 여기에 연방예금보험제도는 은행들의 고위험 대출시장 진출을 도와주게 된다.

1980년 예금보험액을 10만 달러까지 올려주자 예금주들은 더 이상 은행권의 고위험 대출시장 진출에 대해 걱정을 하지 않아도 되었다. 그러다 보니 은행권은 대출에 필요한 자금을 예금으로 충분히 조성할 수 있었다.

여기에 더 나아가 금융 규제 완화에 관한 두 개의 주요 법안이 통과돼 금융권의 위험 대출을 부추긴다. 1980년의 예금기관 자율화와 통화 관리법the Depository Institutions Deregulation and Monetary Control Act, DIDMCA과 1982년의 예금기관법the Depository Institutions (Garn-St. Germain) Act에 의해 이전에는 주택 모기지에만 한정되던 대출을 상업용 부동산과 기업에 대해서도 할 수 있도록 저축대부조합들의 영업 범위가 확대되었다.

그러나 이러한 영업 범위 확대는 조합들의 전문성이 결여된 상태에서 방만한 고위험 대출로 연결되면서 대단위의 부동산 거품을 만들어내고 결국 금융 위기를 초래한다.

처음에 금융 당국은 어떻게든 금융권의 붕괴를 막기 위해 회계법을 개정하면서까지 저축대부조합을 보호하려고 시도하는데 이로 인해 정작 영업능력을 상실한 기관들이 살아남음으로써 더 큰 도덕적 해이의 문제로 번지게 된다. 즉 이왕 잘못된 금융기관 입장에서는 한판 크게 벌려 잘 되면 살아남고 안 되면 어차피 망할 것이었으니 손해 볼 것이 없다는 전형적 도덕적 해이가 난무하게 된다.

그 결과 부실 은행들이 고금리의 예금을 유치하고 저금리의 대출을 무차별하게 확대하자 우량 은행들마저 금리 경쟁에 끼어들게 돼 수많은 은행들이 수익성 악화에 빠져들었다.

밑 빠진 독에 물 붓기 식의 대책이 문제를 더 키워나가다 1986년 저축대부조합의 예금보험기관이 문을 닫기에 이르고 그 이후에도 더 손실 폭이 커지면서 80년대 말부터 대규모 저축대부조합들의 파산으로 파국을 맞게 된다.

파국을 맞고나서 금융 당국은 대대적 저축대부조합들의 개혁 작업을 실시한다. 1989년의 금융기관 개혁, 회복 및 시행령the Financial Institutions Reform, Recover, and Enforcement Act과 1991년의 연방예금보험공사개선법Federal Deposit Insurance Corporation Improvement Act의 두 법안이 통과되면서 이미 기능을 상실한 기구를 정리하고 새로 예금보험 재원을 충원하는 작업이 이루어진다.

그와 동시에 파산한 저축대부조합들이 가지고 있던 부동산 모기지를 정리하기 위해 RTC 기관을 만들어 부실 자산을 정리하고 은행 감독 기능을 강화한 노력에 의해 약 10년에 걸친 저축대부조합 금융 위기가 마무리되었다.

(3) 대공황

1929년의 주식시장 대폭락을 신호탄으로 시작된 대공황은 그 이후 수많은 시행착오를 거치면서 1932년 주식시장과 국민총생산의 최저점을 겪고나서 대규모 실업, 기업 이익의 대폭 감소, 주택 모기지의 대량 연체 등 미국 사회 최대의 시련으로 빠져든다.

그 사이 케인스 같은 석학들의 새로운 경제모델이 제시되었고 후버 대통령부터 시작돼 프랭클린 루스벨트 대통령에 의해 완성되고 본격적으로 시행된 뉴딜정책으로 금융기관 규제를 강화하고 주택 모기지 구제안을 시도하면서 사회간접자본에 대한 투자로 고용 확대를 실시하지만 뚜렷한 경제의 반전이 없이 1930년대를 지내게 된다.

이 과정에서 특기할 만한 내용은 주식시장 폭락과 함께 1930년의 가뭄으로 인한 농업 분야의 몰락과 세계 무역을 거의 마비시킨 스무트–홀리 관세법안Smoot Hawley Tariff Act을 들 수 있다.

농업은 당시 증시 대폭락으로 인해 중공업 분야가 어려움을 겪었을 때 대체적인 차원의 고용 산업 역할을 할 수 있었는데 1930년의 가뭄은 오히려 농업 부문의 실업마저 키우면서 대공황을 부추겼다.

스무트-홀리 관세법안은 세계 경제가 어려워질수록 더 많은 교역을 통해 경제 성장을 추구했어야 하는데도 불구하고 정서상으로 자국의 이익을 보호하는 것이 불황을 이기는 데 도움이 된다는 의견이 지배하면서 거꾸로 보호무역으로 선회해 세계 경제의 동반 침체를 가속화한 것으로 평가되고 있다.

그러나 연방준비제도이사회의 통화 증대 노력이나 루스벨트 대통령의 뉴딜정책에 의한 대기업의 영향력 감소 정책이나 사회간접자본 투자 증가나 그 어느 정책도 대공황을 벗어나게 하는 데 뚜렷한 효과를 발휘하지 못하다가 그 이후 1939년 제2차 세계대전이 발발하면서 미국 경제는 서서히 성장세로 돌아섰다.

이 과정에서 미국은 약 3분의 2의 은행들이 없어졌고 국민총생산은 반으로 줄어들었으며 실업률은 1933년에 25%까지 올라갔다. 아직까지도 어느 경제 이론도 확실하게 대공황의 원인에 대해 지배적인 의견으로 인정받지 못하고 있는 대공황은 불행하게도 그 향후 대책 또한 분명하게 알려지지 못한 채 단지 전쟁으로 끝이 났다는 애매한 설명만 하는 20세기 최대의 경제 비극이었다.

세 가지 사례를 통해본 정책 방향

서브프라임 사태로 시작된 지금의 금융 위기는 실물경제에 심한 타격을 줄 것임은 분명하다. 그 거품의 규모나 그 이후 남겨진 가계대출의 규모를 볼 때 일본의 장기 불황과 미국의 저축대부조합 사태 및 대공황에 버금가거나 더 큰 사태로 봐야 하기 때문이다. 그렇다면 사태의 진행이 마무리되기까지 과연 이 세 가지 사태와 어느 정도 비슷한 과정을 겪을 것인지를 유추해보면 앞으로의 전망을 하는 데 도움이 될 것이다.

(1) 거품 붕괴 후의 금융권에 대한 조치

우선 세 가지 사건의 공통점은 거품 붕괴로 인한 금융권의 위기가 사태의 시작이라는 점이다. 모두 금융기관의 대량 부도 가능성을 안고 있었는데 대공황 때는 금융권에 대한 조치를 따로 취하지 않은 채 수많은 은행들이 도산하도록 방치한 반면 저축대부조합 사태와 일본의 금융 위기에는 정부가 초기에 어떻게든 금융기관의 대량 부도를 막기 위해 노력을 했다.

대표적 시장경제주의자인 프리드먼 교수는 대공황에 대해 금융권 안정과 유동성 공급에 대한 정부의 초기 대응 실패가 단순한 침체로 끝날 수 있었던 문제를 대공황으로까지 확대시켰다고 주장한다.

그렇다면 초기 금융권의 안정을 위해 노력했던 저축대부조합 사태와 일본의 장기 불황이 비록 그 기간이 비슷하다고 해도 공황이라는 사태까지 가지 않았다는 면에서 프리드먼 교수의 주장은 일견 타당성이 있어 보인다.

이에 대해 오스트리아 학파를 계승한다고 할 수 있는 자유주의 경제학자 머레이 로스버드는 대공황 이전과 발생 이후 정부의 개입이 시장의 재편을 지연시키면서 대공황을 더 부추겼다고 주장한다. 로스버드는 이미 금융권에 대한 신뢰를 잃어버린 미국 사람들이 현금을 선호하면서 은행권의 유동성이 급격히 줄어들었고 돈이 줄어들자 은행들 또한 대출을 기피해 경제가 폭락했다고 설명한다.

이렇게 학자에 따라 주장이 다르지만 종합적으로 보면 금융위기가 신용의 팽창을 초래했을 경우 금융권의 신뢰 추락이 경제에 심각한 타격을 준다는 점에는 공통적이라 하겠다.

달라지는 부분은 이 때 금융권을 정부에서 보호해주는 것이 문제 해결에 도움이 되느냐 아니면 시장경제의 원칙에 맡겨서 부실 은행은 없어지게 하고 새 출발하는 것이 더 나은 방법이냐 하는 데 있다.

일본의 장기 불황과 저축대부조합 사태를 보면 비록 경제가 금융 위기에 따른 어려움은 겪지만 대공황과 같은 재앙으로까지 가지 않는다는 점에서 일단 금융 위기가 발생하면 금융권을 보호하는 편이 전체 국민경제 면에서 낫다는 의견이라고 할 수 있다.

현재 미국뿐 아니라 전 세계 정부가 다 나서서 대형 은행들을 구제해주고 있는 것은 바로 대공황 수준의 사태는 피하고자 하는 정책적 선택이라 하겠다. 장기 불황을 겪는 것이 대공황보다는 낫다는 말이다.

(2) 거품 붕괴 후의 산업에 대한 조치

루스벨트 대통령은 뉴딜정책을 실행에 옮기면서 기업의 지나친 영향력을 축소 제한하고자 노력했다. 논리는 대기업들로 집중되는 부의 편중 현상이 주식과 부동산 등 자산 가격 상승을 불러일으키게 되는데 나중에 편중 현상이 극한대에 이르면 중산층과 서민층의 구매력이 없어지면서 높은 자산 가격을 뒷받침할 수 없어 결국 거품이 터지고 경제가 파탄에 빠진다는 것이었다.

따라서 정부는 이러한 대기업 편중 현상을 미연에 방지해 부의 분배를 균형 있게 해야 한다고 생각하고 이런 배경에서 노동조합과 농민에 대한 권한 부여, 그리고 대기업과 고소득자에 대한 세금 인상을 시도한다. 많은 뉴딜정책이 나중에 위헌 판결로 무효화되었지만 당시 포함되었던 금융권에 대한 규제와 사회보장책 등은 아직도 미국 경제에 중요한 역할을 하고 있다.

그러나 문제는 과연 이러한 대기업 편중 현상을 제거하는 노력이 대공황을 빨리 벗어나는 데 기여를 했느냐는 점이다. 아직까지 어느 이론도 확실하게 답을 내리지 못하고 있다. 다만 금융권에 대한 연방 차원에서의 관리 감독과 연방예금보험공사에 의한 예금 보호, 사회보장정책에 의한 불황기 실직자의 생활비 공여 등의 조치는 그 이후 발생한 경제 불황과 금융 위기의 충격을 완화하는 데 상당한 기여를 했다고 평가되고 있다.

2008년 대통령으로 선출된 오바마 당선자는 루스벨트 대통령과 같은 민주당 계열이고 그 노선에서 대공황 때와 비슷한 뉴딜을 제시하고 있다. 노동조합의 역할을 강조하고 중산층과 서민층의 소득세를 낮춰주고 고소득층의 세율을 올리는 선거 공약도 내세웠다.

(3) 재정 적자를 통한 정부지출 증가 조치

영국의 저명한 경제학자였던 케인스는 당시 『고용, 이자와 화폐에 관한 일반이론』이라는 책을 통해 총수요가 줄게 되면 경제는 축소되고 실업률은 올라가는 악순환에 빠지는데 이를 해결하기 위해서는 민간 부문에서 줄어든 수요를 정부가 재정 적자를 통해서라도 보완해야 한다고 주장했다.

정부의 지출은 직접 정부가 국책사업을 벌여 고용과 구매를 늘리는 방법과 세금을 줄여 납세자들의 구매력을 올려주는 방법을 통해 이루어진다. 이 권고에 근거해 미국 정부는 재정 적자를 통해 지출을 늘리고 농산물 가격을 올려서 구매해주는 등의 조치를 취해 경기 회복을 돕는다.

그러나 이러한 노력에도 불구하고 미국 경제는 1929년의 수준으로 회복하는 데 10년 이상이 걸리고 1940년에 이르러서도 실업률이 15%에 달해 기나긴 고통의 세월을 겪는다. 따라서 케인스의 권고는 대공황에 어느 정도 긍정적으로 작용했으나 빠른 효과가 있는 완벽한 대책인지에 대해서는 아직도 결론이 나지 않고 있다.

향후 전망

이상을 종합해보면 앞으로 미국과 세계의 거품 붕괴 후 사태 전개는 대략 몇 가지로 요약할 수 있다.

(1) 장기 불황

금융 위기에 따른 경제 위기는 금융 거품기에 형성된 지나친 소비의 조정에 따른 필수 과정이다. 그렇다면 거품기의 소비 규모는 한참 동안의 기간이 지나기 전에는 돌아서기 힘들다고 예상해야 할 것이다.

생산성 증가로 소득 증가가 이루어지고 이에 기초한 소비 증가라는 건전한 구조가 아니라 빚을 늘려 거품을 일으킨 소비였고 그 규모가 너무 컸기에 다시 거품이 꺼지고 나서 정상적인 경제성장으로 거품기에 빚내서 늘렸던 소비를 좇아가려면 오랜 세월이 필요하다는 말이다.

일차적으로 이번 금융 위기와 실물경제 위기는 소비 전 분야에 걸쳐 장기 불황으로 연결될 가능성이 매우 높다.

그러나 대공황과 같은 심각한 경제 마비가 나타날 것인가에 대해서는 확실치 않다. 왜냐하면 대공황의 초기와 같이 금융계가 대량으로 도산에 빠지지 않도록 연방은행과 재무성의 구제

역할이 활발히 진행되고 있기 때문이다.

과연 프리드먼의 의견처럼 금융계를 보호하고 유동성을 늘리면 대공황까지는 안 갈 것인지 아니면 로스버드의 의견처럼 정부가 금융권에 개입하면 할수록 시장의 왜곡 현상이 커질 것인지는 당분간 사태의 추이를 봐야 할 사안이다.

단지 일본의 경우와 저축대부조합 사태를 보면 비록 금융권에 대한 보호가 도덕적 해이를 부추겨 나중에 더 큰 문제로 나타난다 해도 근본적으로는 경제의 저성장으로 나타나지 대공황 같은 수준까지 가지 않는다는 해석을 인정한다면 대공황과 같은 파탄은 피할 수 있다고 보인다.

그렇다면 이번 사태 이후를 예상할 때 경제 파국은 없을 것이나 일본의 장기 불황과 같은 과정을 겪을 가능성이 가장 높다고 보인다. 계속된 구제금융과 회계상의 변칙 처리로 금융권의 도산을 막게 되면 금융계는 허약한 상태로 연명케 되고, 그러면 금융계가 주도해야 할 자금의 흐름이 미약해 경제 성장이 약해질 것이기 때문이다.

(2) 금융권의 변화

가장 큰 변화는 역시 금융권에서 나타날 것이다. 이제 금융 자유화는 원천적인 금융계의 도덕적 해이의 문제를 미연에 방지하지 않으면 또 다시 금융 위기를 불러온다는 사실에 직면했다.

비록 아시아 환란 사태나 한국의 신용카드 위기 등이 잘 넘어갔다고 해도 그것은 미국의 금융 위기가 나타나기 전이어서 미국의 힘으로 넘어갔던 것이지 자체적으로 문제가 해결된 것은 아니라는 현실을 깨달아야 한다.

결국 미국마저 금융 위기에 빠지게 되자 이제 세계는 더 큰 위험에 직면케 된 것이다. 그리고 어쩌면 그 동안의 세계적 금융 위기들이 미국의 개입으로 더 큰 사태를 막았다 하더라도 도덕적 해이가 더 팽배해지고 과감해졌다는 사실 또한 부인할 수 없다.

이렇게 되면 미국과 선진국 금융계는 더 강한 규제에 들어갈 것이다. 특히 논란이 되고 있던 바셀 II 같은 금융 안정화 규제의 실시는 앞당겨질 것이고 파생상품이나 금융 규제 대상에서 벗어나 있던 헤지펀드와 사모펀드 등에 대한 감독도 더 조직적으로 이루어질 것이다.

이러한 금융권의 규제는 은행이 선택하는 위험과 이에 합당한 이자나 수입을 연결시킬 것이기 때문에 과거와 같은 막대한 수익구조는 없어질 것이다. 또 다시 이러한 규제를 넘어서는 금융공학이 발전하겠지만 금융 당국은 금융공학이 개발하는 신상품에 대해 위험 관리를 분명히 해나갈 것이다.

(3) 산업의 성장

소비가 크게 위축되는 상황에서 경쟁력은 시장점유율만이 아니라 유동성과 부채 관리 면에 의해 좌우된다. 지금 시장점유율이 높더라도 유동성이나 부채 관리 때문에 문을 닫는 기업들이 속출할 것이고 이 과정을 지나고 나면 수익력은 떨어지지만 살아남은 기업 입장에서 시장점유율은 높아지는 결과가 나올 것이다.

소비는 가계 부채와 부동산 대출의 해결 후 서서히 성장할 것이다. 그러나 이 양대 부채를 해결하려면 상당 기간의 시행착오와 개인파산이나 주택 차압이 일어날 것인바 이 긴 과정을 넘어서는 기간의 경기 침체는 각오할 수밖에 없다.

그 사이 정부는 민간 부문의 소비를 대체하기 위해 사회간접자본에 대한 투자를 통해 고용과 지출을 늘려나갈 것이며 감세를 통해 가처분소득을 올리기 위해 노력을 할 것이다. 이렇게 되면 주택시장의 침체로 어려움에 처한 건설업이 도움을 얻고 궁극적으로는 사회간접자본 투자에 힘입어 유통의 발전과 함께 사회의 효율성이 올라가게 될 것이다.

실업의 증가로 임금의 하향 조정이 일어나고 고용에 대한 의지가 커지면서 기업의 생산성이 올라갈 것이고 이렇게 되면 살아남은 기업의 경쟁력은 강해질 것이다.

전체적으로 보면 부채의 청산 과정이라는 고통스러운 과정은 피할 수 없지만 고용시장의 안정과 노동자들의 동기부여가 이루어지고 과잉 투자된 부분이 제거되면서 산업은 다시 성장 궤도에 들어갈 수 있다.

(4) 성장 구도의 장애 요인

이러한 장기 불황을 통한 경쟁력 정상 회복은 앞으로 장기적 경제성장을 가져올 것이지만 이 과정이 얼마나 빨라질 수 있느냐는 앞서 얘기한 세 가지 경우에서 나타난 장애 요인을 어떻게 받아들이느냐에 관건이 달려 있다.

가장 중요한 부분은 금융권의 정리 과정을 빨리 실행에 옮기고 합리적인 시장경제의 원리가 가급적 많이 적용되도록 하는 것이다. 은행권 보호가 시스템 리스크를 막는다는 차원에서 정당화되지만 자칫 금융권의 도덕적 해이를 가속화할 우려가 있는데 이 가능성을 막아야 한다는 것이다.

구제금융의 방법에 있어 철저한 책임주의를 심어야 하는데 경영이 무너진 금융기관은 구제는 하되 건강한 은행에 인수시키는 방법으로 경영 경쟁력을 심어줘야 한다. 구제는 예금주의 구제이지 투자자나 경영자의 구제가 되서는 안 된다는 말이다.

만약 다시 도덕적 해이를 조장하는 방식의 구제가 일어날 경우 일본처럼 헤어나지 못하는 장기 불황에 빠지거나 미국처럼 나중에 더 큰 규모의 은행 부도가 발생할 수 있다. 더구나 더 한심한 상황은 구제금융으로 경영 능력이 없는 은행을 유지할 때 발생하는 시장 왜곡은 건강한 은행마저 어렵게 만들 수 있다는 점이다.

따라서 이번 사태를 넘어서는 데 있어 가장 큰 장애 요인인 금융권의 도덕적 해이는 최우선순위로 막아내야 한다. 미국 재무성과 연방은행의 구제금융 방안이 갖는 의미도 이 문제를 최소화하는 데 집중될 것이다.

두 번째 장애 요인은 시장의 투명화와 게임의 법칙이다. 금융권의 구제 순간에도 그렇고 구제 후에도 그렇고 금융의 생명은 금융 중개 기능이다. 이 금융 중개 기능은 대출자의 정보가 정확히 파악될 때 빛을 발할 수 있다.

금융기관 역시 스스로의 투명성을 강조하지 않으면 금융권의 구제는 계속해서 문제를 키우기만 할 뿐 해결의 실마리를 찾을 수 없다. 이번 구제 과정에서 투명성에 대한 혹독한 훈련으로 금융 중개의 기능을 최대한 확대할 수 있을 것이고 반대로 이를 등한시하면 다시 혼란에 빠지게 될 것이다.

게임의 법칙은 시장경제의 핵심이다. 이번 대규모 구제가 이루어지면서 그동안 국민적 관심이 없었던 시장에서의 철저한 자기 책임 원칙이 강해질 수밖에 없다. 즉 이번에는 너무 위기 상황이라 시장의 실패를 정부의 개입으로 도와주었지만 이제 다시는 이러한 과오를 되풀이하지 않도록 시장 참여자들의 끊임없는 감시가 생겨날 것이다.

이렇게 되면 게임의 법칙을 슬쩍 비켜가면서 국민과 소비자의 주권을 침해하려는 시도는 점점 설 자리를 잃을 것이다. 특히 공무원과 정치권의 도덕적 해이는 국민들에게 부각되면서 사회의 룰을 지켜나가야 한다는 분위기가 성숙돼야만 한다.

(5) 보호무역주의

일단 자국의 경제 위기 앞에서 누군가 속죄양이 되기 쉬운데 흔히 생산직 노동자에게는 수입 상품이 공격 대상이 된다. 대공황 이후 바로 세계 무역을 거의 중단시키다시피 한 무역관세 법안이 통과되고 이에 따라 상대 외국 국가들도 보복성 관세를 책정하면서 전 세계적 경기 침체의 골은 깊어만 갔다.

지금 미국은 3대 자동차 제조회사가 거의 파산 상태에 들어갔는데 이들이 문을 닫게 되면 약 25만 명의 일자리가 없어진다. 이러한 상황이 전개되면 많은 미국인들의 정서상 일본 차와 한국 차가 미국의 도로를 점거하는 모습이 눈에 거슬리게 되고 여기에 정치까지 가세하면 분노에 의한 보호무역주의가 부활할 가능성이 높다.

보호무역의 추세가 시작된다면 현재의 경기 침체는 더 깊은 불황으로 연결될 수밖에 없다. 언제나 자유무역과 보호무역이 자국에 이익이냐를 놓고 설왕설래하지만 문제는 어느 쪽도 확실히 증명을 할 수 없다는 애로가 있다.

자유무역을 실시했더니 고용이 얼마가 늘었다라고 증명하면 될 것 같지만 실제 어떤 분야의 고용은 늘었다고 해도 다른 분야가 줄 수 있고 거기에 전체적으로 경제가 커져 늘어난 고용은 무역 때문에 경제가 커진 것인지 아니면 무역과 상관없이 커진 것인지를 구분할 수 없어 정확한 결과를 파악할 수가 없는 것이다.

그러다 보니 보호무역이나 자유무역에 대한 정치적 결정은 산업 간의 이해에 따라 판이하게 달라지고 그때 그때의 경제 상황에 따라 전혀 다르게 된다. 잘못하면 아주 비이성적인 감정적 결정을 한다는 말이다.

지금처럼 거품의 후유증에 크게 시달릴 때일수록 자국 노동자를 보호해야 한다는 분위기가 생기기 쉽고 이번 오바마 대통령 당선자가 노동조합을 후원하게 되면 노동자의 목소리가 커지면서 자유무역에 대한 반대의 목소리가 커질 수 있다.

이럴 때일수록 정치권의 이성과 장기적 판단이 필요하고 경제계와 학계의 전문 의견을 기초로 현명한 결정을 해야 한다.

(6) 국수주의의 출현

보호무역과 맥을 같이하면서 더 두려운 것은 국수주의의 부활이다. 경제적 대립 관계를 더 확대해 경제적 침략주의로 무역을 규정하기 시작하면 경제 상태가 어려운 국가일수록 국수주의의 정신이 파고들 가능성이 높아진다.

대공황기에 경기 침체와 높은 인플레이션에 시달리던 독일 국민들이 지나친 1차 대전 전비보상금을 요구하던 프랑스와 국내에서 상권과 금융권을 쥐고 있던 유대인들을 국민의 적으로 몰아붙인 나치즘에 휩쓸린 역사는 너무나 아프고 값비싼 경험이었다.

특히 부시 행정부 시절 너무 강한 미국 외교 정책 노선으로 인해 많은 신흥 개발국들에서 생겨난 반미 감정의 씨앗은 이번 경제 위기를 맞아 어떻게 커져나갈지 알 수 없는 변수라 할 수 있다.

이러한 국수주의와 보호무역에 대한 방어는 이번 경제 위기를 국제적 협조로 서로 이해하면서 풀어가는 국가 지도자들의 수준 높은 정치력으로 이루어져야 한다. 선동적 정치나 고립적 자세를 가진 대표가 있으면 다차원의 노력으로 공조 체제를 위해 풀어나가야 하는데 이에는 역시 미국의 오바마 대통령 당선자가 정점에 설 수밖에 없고 그렇기에 오바마 당선자의 리더십이 가장 중요하다고 할 수 있다.

새로운 시대

종합적으로 우리는 이제 새로운 시대의 문 앞에 서 있다. 대공황과 같이 파국을 맞으면서 종국에는 국가 간 이기주의와 책임 전가로 국제 냉전의 부활과 전쟁의 위험까지 갈 것인가 아니면 거품의 환상을 딛고 새로운 각오로 삶의 현장에 열심히 살아가는 근면한 사회의 틀을 만들 것인가의 선택이 우리 앞에 있다.

거품 붕괴의 아픔은 크다. 그러나 이 거품은 어느 특정 집단이 조작해 만든 것이라기보다는 사회의 모든 참여자가 함께 만든 잘못이다. 이익에 쫓긴 금융기관이 금융공학으로 서브프라임 대출을 만들었지만 이는 돈 없이 또 내 능력에 안 맞아도 집을 갖겠다는 주택 구입자들의 허영이 있었기에 가능했다.

또 원래 집을 갖고 있던 사람들도 이 와중에 집값 오른다고 생활수준을 높였다. 더 좋은 집, 좋은 차를 사고 외식과 여행의 격도 올라갔고 웰빙이라는 정신적 가치도 향유했다. 이 덕택에 소비가 늘자 매상이 오른 기업은 확장에 정신없었다.

누구 하나 이 거품에서 면죄부를 받을 수 없다. 그런데 이 사실을 모든 국민들이 받아들인다면 이제부터라도 다시 내 현실로 돌아가 생활수준을 낮추고 다시 산업 현장에서 열심히 살아갈 것이다. 노동의 본래의 가치를 찾고 투기로 돈을 버는 것만이 인생의 목적이 아니라는 사실을 받아들이면서 가족과 형제와 이웃과의 더불어 사는 땀 흘리는 인생의 기쁨을 만들어낼 수 있다.

그러나 반대로 거품 시절을 잊지 못하고 이 거품 붕괴로 인한 내 재산의 축소와 생활수준의 하락을 남의 탓으로 돌리고 정부에게 책임지라고 하다 보면 대립의 사회를 만들면서 보호주의와 국수주의가 확산될 수 있다.

획일적 가치관이 지배하는 사회는 자칫 전체주의로 흐른다는 것을 역사는 보여주고 있다. 보호무역주의나 국수주의는 바로 전체주의의 표현이다.

이제 앞으로의 역사는 과연 우리가 선택하는 정신적 가치관이 어디에 모이느냐에 달려 있다. 전체주의냐 아니면 노동을 신성시 하는, 그래서 땀의 대가로 정신적 가치관을 추구하는 사회로 상승하느냐의 갈림길이다. 그리고 이 선택에 따라 이번 거품의 파괴가 인류의 발전에 약이 되느냐 아니면 독이 되느냐가 결정될 것이다.

세계 모든 곳에서 세기적 거품 붕괴의 시련에 직면해 있다. 시련은 고통을 주지만 다음 단계로 성숙하는 단련도 해준다. 이번 과정을 통해 세계 경제는 위험 관리에 있어서 한 차원의 상승을 이루어낼 것이다.

첫째, 금융의 실물경제 기능과의 효과적 관계를 다시 한번 확실히 인식해서 금융은 실물경제의 생산성 증가와 이로 인한 소득 증가의 혜택을 공유하는 간접적 산업을 항상 인식해야 한다.

둘째, 금융은 내재적 대리인 위험으로 역선택과 도덕적 해이의 가능성이 유난히 높은 산업이다. 여기에 금융이 어렵다고 시장에서 도태되도록 놔두기에는 그 시스템 리스크로 인한 사회적 파장이 너무 크다. 그래서 금융은 시장경제의 큰 테두리에서 예외적으로 규제의 틀 안에서 관리해야 하는 산업임을 명심해야 한다.

셋째, 이러한 인식을 갖고서 제대로 규제하는 원칙을 만들었다고 해도 정치적으로 타협될 가능성이 항상 있다. 연방준비제도이사회가 정치에서 독립되도록 고안된 것처럼 금융 규제도 정치로부터 독립되어야 한다. 대공황 때 만든 규제안이 미국 금융계를 안정시켜오다가 1980년대 규제의 일부가 풀리면서 저축대부조합 사태를 불러왔고 다시 1999년 규제가 또 풀리자 서브프라임 사태가 왔는데 이에는 정치권이 금융계의 탐욕 추구를 위한 로비에 넘어간 사실이 많이 작용했다. 따라서 금융제도의 정치적 타협에 대한 강도 높은 독립성을 보장하는 노력은 주기적으로 다가오는 금융 위기를 피하는 데 주효할 것으로 판단된다.

다음으로 한국의 경우에는 금융 위기의 극복과 함께 몇 가지 개발 독재의 잔재를 씻어낼 수 있는 계기로 만들어야 한다. 우선 가치관의 획일화에서 벗어나는 계기를 만들 수 있는 계기다. 일확천금과 쉽게 돈을 벌 수 있다는 요령주의는 거품 이외에는 없다는 현실을 받아들이고 성실하고 창의적으로 실제 부가가치를 만들어내는 건강한 경제구조를 강조해야 한다. 가치관의 획일화가 없어지면서 돈으로 인간의 위치를 결정하는 문화를 타파하고 각자의 개성과 인품으로 서로를 존중하는 사회를 만들 수 있다.

그리고 거품 시대에 용인되는 투명성의 부족을 타파하고 투명한 경제 사회를 만들 수 있다. 일확천금과 쉬운 돈이 돌아다니면 투명성은 설 자리가 없게 된다. 서브프라임도 어떤 면에서는 자료와 신용에 대한 묻지 마 식 대출인 점에서 투명성의 부재에서 비롯된 사태이다. 거품이 꺼지고 그 후유증을 앓고 나면 투자 대상에 대한 진정한 분석과 감시 기능이 발전할 것이다. 이는 바로 투명성의 향상으로 이어질 수 있고 이번 금융 위기를 지나면서 이룰 수 있는 실현 가능한 목표라고 하겠다.

금융 위기는 곧 사회가 발전하는 계기가 된다. 역경은 창조의 어머니이듯 지금의 시련은 시장경제가 잠깐 유동성 장세로 부자가 된 듯한 착각의 소산이다. 이 착각으로 상당 기간 전 세계는 뒤풀이의 값을 치를 것이다. 그러나 그와 함께 다시 배운 금융과 시장경제의 건강한 관계는 다가오는 글로벌 경제의 성장에 큰 힘이 될 것이다.

· 감사의 말 ·

자격도 안 되는 사람이 책을 쓰겠다는 목표를 세운 것은 딸 수정이를 만나고서다. 수정이가 태어나던 1998년에 아버지를 잃었다. 수정이가 태어나고 두 달 반 만에 돌아가셨다. 어머니는 훨씬 전에 돌아가신데다가 아버지는 수정이가 태어날 때 이미 혼수상태셨으니 손녀가 태어났다는 사실을 두 분 다 모르고 세상을 뜨신 것이다.

장례를 치르고 미국으로 돌아오는 데 뭔가 이어지는 느낌이 들었다. 부모님은 가셨는데 딸이 나타난 것이다. 부모님이 내 안에 살아 계시듯 수정이에게도 내가 살아 있을 것이라는 세대의 연결의식 같은 게 느껴졌다.

그렇다면 수정이에게 살아 있을 아빠는 어떤 기억으로 남을까. 그것은 바로 내 삶의 목표와도 동일한 질문이었다. 난 끊임없이 도전하는 삶을 살았다는 기억을 수정이에게 남겨주는 것이 가장 소중한 유산이라고 다짐했다. 그 도전 중 하나가 내가 믿는 바를 책으로 쓰겠다는 각오였다. 이 각오가 바로 첫 책의 계기가 되었다.

이렇게 세워진 목표였지만 주변의 수많은 좋은 벗들의 도움이 없었으면 아직도 생각만 하고 있었을 것이다. 구체적 시작은 우리 은행 앞 피자집에서의 점심 만남이었다. 라디오서울의 앵커 강혜신 위원, 미주한국일보의 조윤성 논설위원과의 피자 모임은 철학에서부터 시작해 인생의 거의 모든 분야를 다루는 만남이다.

이 피자 모임에서 두 분은 내가 책을 쓰겠다는 목표를 실천하도록 격려해주었다. 특히 강혜신 위원은 자신이 책을 출판한 사람이기에 구체적으로 책을 어떻게 쓰는가를 지도까지 해주었다. 책은 독자들을 위해 쓰는 것이라는 평범하면서도 강한 깨달음을 준 것이다.

책의 내용이 될 경제에 관한 내용은 미주 한국일보의 민경훈 위원 덕택에 모아졌다. 보수경제 논객인 민 위원의 권유로 월간 경제 칼럼을 쓰기 시작한 것이 2005년 봄이었으니 어느

덧 4년이란 세월이 흘렀다. 이 기간이 격랑에 휩싸였던 탓에 경제학 원론까지 다시 꺼내 성찰하는 계기가 되었으며, 그러한 성찰이 이 책의 토대가 되었다.

한국에 가면 항상 내 이론을 검증해주는 후배 구병진 박사는 내 삶 전체의 동반자다. 대학 때부터 내가 떠드는 이론을 다른 각도에서 비판해주던 후배라 이 책의 내용도 많은 토론을 통해 이미 감수를 해주었다고 하겠다.

대한생명의 조국준 부사장님은 내가 아는 한국의 빛나는 투자 철학가이다. 미국에서 근무할 때 보여준 경제와 투자에 관한 깊은 이해는 표면으로만 흐르던 나의 지식을 깊이 있게 깨우쳐주었고 이번 거품에 대해 오래 전부터 예견하는 혜안을 가진 분이며 또한 가르침을 주신 분이다.

첫 책을 쓰느라 서투른 점이 한두 가지가 아니었는데도 한 번도 질책 없이 이끌어주고 큰 뼈대를 짚어주신 이콘의 김승관 편집장은 이 책을 만들면서 만난 또 하나의 좋은 인연이다.

성격도 그리 좋지 않은 남자와 사느라 마음고생 많이 하는 수정 엄마는 때때로 오버하는 나를 바로잡아주는 사람이다. 책을 쓰는데도 너무 지나치게 잘난 척하지 않도록 견제해주었고 건강 걱정한다고 음식 챙겨주며 도와주느라 수고를 많이 했다.

아들의 책을 손에 들고 다니시며 여기저기 자랑하셨을 부모님은 이미 내 곁에 계시지 않는다. 그래도 가슴 깊이 새겨진 부모님의 사랑은 항상 내 한가운데 살아 있다. 땀 흘려 책을 완성했다는 사실로 부모님께 조금이나마 기쁨을 드릴 수 있으면 좋겠다.

이 외에도 내 소견을 존중해주시고 경청해주시던 많은 분들의 애정과 도움으로 겨우 졸작을 완성했다. 천성이 수줍음을 많이 타는 성격이라 그런지 아직도 부끄럽기만 하다. 또 혹시라도 잘못된 내용으로 폐를 끼치면 어떡하나 하는 두려움도 많다.

그저 한 은행원이 바라본 격동의 시기에 대한 사색 정도로 받아주시고 취할 것만 취하시고 잘못돼 있는 건 기회가 닿는 대로 따끔하게 지적해주시길 바란다. 최선을 다해 사태 이해와 앞으로의 투자와 경영 결정에 조금이라도 도움이 되었으면 하는 바람이다.

그리고 아빠가 열심히 컴퓨터 스크린 앞에서 키보드를 칠 때 옆에서 뜻도 모르는 한글을 겨우 음으로만 읽으면서도 흥미로워하던 수정이에게 이 책이 좋은 기억의 흔적으로 남았으면 한다. 책 한 줄 한 줄에 담아놓은 아빠의 사랑과 함께……